죽음의 문턱에서
삶을 보다

The day I died

Copyright ⓒ 2006 by STEVE SJOGREN
originally published in the USA by Regal Books
A Division of Gospel Light Publications, Inc.
Ventura, CA 93006 U.S.A. All rights reserved
Korea Translation Copyright ⓒ 2007 by NCD publisher
This translation is published by arrangement with Regal Books

이 책의 한국어판 저작권은 도서출판 NCD에 있습니다.
저작권법에 의하여 한국 내에서 보호를 받는 저작물이므로
무단전재와 무단복제를 금합니다.

죽음의 문턱에서
삶을 보다

스티브 쇼그린 지음 | 조은혜 옮김

나의 가장 친한 친구이며
새생명전도교회 담임목사인
오스본 리챠드 박사에게 이 책을 바칩니다.
오스본, 당신의 교회는 일 년 내내
사람들의 삶을 변화시키는 놀라운 장소입니다.
나는 병원에 입원해서 낙담해 있을 때 아무도
나를 찾아오지 말라고 말했습니다.
그러나 당신은 내 요청을 전혀 모른다는 듯
매일 밝은 모습으로 나를 찾아왔습니다.
그리고 하나님의 능력으로
회복되기를 기도해주었습니다.
나는 당신의 기도로 회복되었습니다.

차 례

프롤로그 / 8

추천의 글 / 12

제1장 _ 죽기에는 너무 아름다운 날 / 17

제2장 _ 기적을 위해 죽다 / 31

제3장 _ 죽음의 문턱에서 춤추다 / 45

제4장 _ 거북이가 되기 위해 죽다 / 57

제5장 _ 정상적으로 되기 위해 죽다 / 73

제6장 _ 포기하기 위해 죽다 / 95

제7장 _ 더 나은 남편이 되기 위해 죽다 / 119

the day i died

제8장 _ 더 나은 아버지가 되기 위해 죽다 / 139

제9장 _ 좋은 친구가 되기 위해 죽다 / 155

제10장 _ 친절하기 위해 죽다 / 171

제11장 _ 더 좋은 이웃이 되기 위해 죽다 / 191

제12장 _ 할 말을 알기 위해 죽다 / 203

제13장 _ 90세까지 살기 위해 죽다 / 211

에필로그 / 229

집필 후기 _ 테리 시아보가 죽던 날 / 234

감사의 글 / 247

프롤로그

누구나 죽음 이후의 세계에 대해 알고 싶어 한다. 영화 예고편이 우리의 관심을 끌듯이 죽음 이후의 세계에 대한 예고편을 보기 원하지만 실제 죽음 이후의 세계는 우리가 마음대로 상상할 수 있는 것이 아니다. 그러나 스티브 쇼그린은 의료사고를 당해 죽음 너머의 세계를 잠시 경험할 수 있었다. 스티브는 우리가 모두 알고 싶어 하는 중요한 사실, 즉 죽음과 삶이 어떠한 관련이 있는지를 발견하게 되었다.

나는 스티브와 25년간 친구의 연을 맺고 있다. 그래서 나는 스티브가 죽음을 경험하기 전과 후의 모습을 누구보다 가까이에서 볼 수 있었다. 스티브가 겪은 이야기는 다음과 같은 질문에 대해 명확한 답을 제시해 준다. "우리는 육체를 떠나 살 수 있는가? 육체가 없는 존재는 어떨까? 그것은 안전한가? 견고한가? 인간이라는 존재는 육체에 의존하는가? 하나님은 어떤 존재이신가? 우리가 죽으면 초월적인 존재를 감지하고 알게 될 것인가?"

스티브가 알게 된 사실이 우리에게도 해당된다면, 그것은 물질적인 세계는 진실로 하나님의 존재에 속해 있다는 것이다. 이 하나님은 우리의 하나님이 되시기에 전혀 부족함이 없다. 하나님은 육체가 없으시다. 하나님은 영이시며 육체를 지니지 않으셨지만 인격적인 분으로서 이 세상 어디에나 계신 분이다.

스티브는 그러한 깨달음을 실험이나 수도사들의 기도를 통해 얻은 것이 아니다. 삶에서 자연스럽게 알게 되는 교훈처럼 그것을 깨닫게 되었다.

스티브가 당한 사고는 마치 소매치기가 가방을 훔쳐가듯 스티브의 모든 세계관을 낚아가 버렸다. 아무도 고통을 스스로 선택하지 않는다. 그러나 생사의 갈림길에 가 보았거나 실제로 죽었다가 다시 살아난 사람들은 죽음과 삶에 대한 분별력을 가지게 된다.

죽음을 경험하는 것이 어떻게 사람을 변화시키는가? 이 세상과 고립되지 않으면서도 죽음을 실제로 보게 된다면 어떨까? 신약의 많은 부분을 기록한 바울은 사랑장이라고 불리는 고린도전서 13장에서 다음과 같이 말한다. "사랑은 오래 참고 사랑은 온유하며"(고전 13:4). 그 다음에는 이보다

덜 알려졌지만 이와 동등하게 중요한 말씀이 이어지고 있다. "우리가 지금은 거울로 보는 것 같이 희미하나 그 때에는 얼굴과 얼굴을 대하여 볼 것이요 지금은 내가 부분적으로 아나 그 때에는 주께서 나를 아신 것 같이 내가 온전히 알리라"(고전 13:12). 바울은 사는 동안이나 죽음 후에 누구나 경험하게 될 하나님의 계시에 대해 언급하고 있다. 그 하나님의 계시를 명확하게 알려준 돌파구를 만난 것은 스티브에게 뜻밖에 주어진 선물이었다. 죽음을 통해 스티브는 실제를 그대로 보게 되었다. 스티브는 어떤 일이 진행되고 있는지 증거했다. 우리는 하나님의 형상을 따라 만들어졌다. 그러므로 우리는 가끔 영적인 경험을 하는 인간이라기보다는 본래는 영적인 존재인데 일시적으로 인간의 경험을 하는 것이라고 할 수 있다. 스티브의 영이 몸을 떠나서 새롭고 심오한 방법으로 실제의 세계를 만나게 된 것이다. 그 사건이 스티브를 변화시켰을 뿐만 아니라 스티브의 여행기를 읽는 당신도 변화시킬 것이다.

이 책을 읽는 동안 거듭 떠오르는 생각이 있었다. 나를 포함한 복음 전도자들은 종종 이런 질문을 던진다.

"당신이 오늘 밤 죽으면 어디에(천국 또는 지옥) 갈 것이라 생각합니까?"

그러나 더 궁금한 것은 사람들이 자신의 삶을 스티브가

기록한 대로 실제의 세계와 조화를 이루며 살기 위해 매일 노력하고 있는가 하는 것이다. 그래서 삶의 문제에 근거한 질문이 더 가치 있지 않을까 하는 의문이 든다. 그 질문들은 이렇다.

"당신이 내일도 살 수 있다는 것을 안다면-사실, 길고 긴 시간을-지금과는 어떻게 다르게 살겠습니까? 당신이 영원히 산다는 것을 안다면 어떻게 살겠습니까? 당신은 누구를 따르겠습니까? 당신은 누구에게 보람 있게 사는 법을 배우겠습니까? 당신은 매일 누구와 어떤 일을 하며 살겠습니까?"

사이클 선수인 랜스 암스트롱의 노란 팔찌는 우리에게 '강하게 살라'는 교훈을 준다. 강하게 살기 위해 우리는 몸 안에서나 밖에서나 영원히 안전하며 견고하다는 것을 확신할 수 있어야 한다.

스티브는 죽음의 세계에서 하나님과 우주와 우리 존재가 명확히 나타난다는 사실과 그것을 통해 얻은 영감 있는 메시지를 전해 준다. 스티브는 이 세상에서 어떻게 하나님을 신뢰하며 따라야 하는지 보여 주며, 주위 사람들이 그런 삶을 살 수 있도록 돕는다.

토드 헌터
미국 알파 코스 실행 위원장

추천의 글

『죽음의 문턱에서 삶을 보다』는 우리가 힘든 상황에 처했을 때 가족과 친구, 심지어는 전혀 모르는 사람들과의 관계가 얼마나 큰 힘이 되는지를 감동적으로 이야기한다. 당신이 이 책의 저자가 죽던 날 배운 것을 마음에 새기고 산다면 새로운 인생을 살 수 있을 것이다.

키이스 페라지
베스트셀러 『혼자서 밥 먹지 마라』의 저자

『죽음의 문턱에서 삶을 보다』는 오늘날과 같이 삶의 속도가 빠른 시대에 꼭 필요한 책이다. 삶 속에서 하나님과의 깊은 관계를 갈망하는 사람이라면 이 책을 꼭 읽기 바란다. 스티브는 놀라운 이야기로 독자들의 마음을 사로잡는다. 나는 이 책을 손에 들자마자 단숨에 모든 내용을 읽어 나갔다. 실제 경험을 이야기한 이 책은 나에게 굉장히 새롭게 다가왔다.

스데반 르블랑

텍사스 아마릴로의 트리니티교회 담임목사

스티브 쇼그린은 자신이 겪은 충격적인 경험을 통해 예수님을 닮아가는 삶의 지침을 이끌어 낸다. 스티브가 솔직하게 기록한 내용은 당신에게 감동과 충격을 줄 뿐 아니라 삶의 자극제가 될 것이다. 스티브는 담대하고 특별하며 친절하다. 자, 마음의 준비를 하라. 이 책을 읽으면 한 대 얻어맞은 것처럼 정신이 몽롱해질 것이다. 남편 스티브를 잘 기다려 준 아내 제니에게 엉짱을!

케이트 마이너

텍사스 주 포트워스의 웰스피링교회 찬양 담당 목사

스티브 쇼그린은 미국의 영향력 있는 목회자 중 한 사람이다. 스티브는 수만 명의 성도들에게 불신자를 찾아가 전도하도록 동기부여를 해 주었다. 스티브의 간증은 굉장한 영향력이 있으며 사람들이 영원한 삶에 대해 질문하도록 한다. 나는 스티브 쇼그린 목사가 현대 교회에 지대한 공헌을 한 것에 대해 매우 고맙게 생각한다.

리치 나단

콜럼버스 빈야드교회 담임목사

만약 당신이 1년에 책 한 권밖에 읽을 수 없다면 이 책을 택하라. 이 책은 내가 읽은 어떤 책보다도 진실한 책이다.

레오나르드 스위트

드류대학 조지 폭스 복음주의 신학교 교수

경건한 사람들이여 조심하라! 스티브 쇼그린의 『죽음의 문턱에서 삶을 보다』를 읽으면 당신이 이제껏 쌓아 왔던 경건의 성이 무너질 것이다. 이 이야기는 충격적이며, 거리낌 없이 초자연적인 것에 대해 이야기하며, 하나님께서 오늘도 우리에게 말씀하신다는 것을 결코 부인할 수 없게 만든다. 또 알아듣기 힘든 종교적인 말도 없다. 우리는 이 책을 통해 스티브가 경험했던 죽음을 경험하게 될 것이다. 스티브는 죽음을 경험하면서 얻은 통찰력과 지혜로 친구의 중요성, 배우자와 자녀들과의 관계, 나와 별 관계가 없는 사람들까지도 소중히 여기는 것 등 우리 모두에게 중요한 삶의 문제들을 특유의 유머감각과 따뜻함으로 나누고 있다. 이 책을 읽으면서 나는 소리 내어 웃기도 하고 울기도 하며 때로는 회개도 했다. 이 책을 읽을 때는 변화될 준비를 하고 읽으라.

버튼 와그너
미국 빈야드교회 전국 대표

스티브 쇼그린은 우리 삶에 찾아오는 뜻하지 않은 삶의 변화에 믿음으로 반응하는 방법을 보여 주고 있다. 스티브는 이 책을 통해 하나님 안에서 발견해야 하는 진정한 삶의 의미와 그것을 방해하는 빠른 삶의 속도에 대해 다시금 생각해 보게 한다.

로버트 웨버
노던 신학교 교수

제1장 _ 죽기에는 너무 아름다운 날

                오늘은 초겨울의 화창한 날이다. 마당의 다람쥐들은 구멍 난 큰 나무를 통과하며 쫓아다닌다. 빨간 다람쥐가 회색 다람쥐를 쫓아다닌다. 다람쥐들은 걱정도 없고 지치지도 않는 것 같다. 다람쥐를 보는 것은 위성 TV를 보는 것보다 더 즐거운 일이다.

  몇 년 전 오늘같이 화창한 어느 날, 나는 변두리 한 병원에서 지옥에 온 듯한 경험을 했다. 그때 나는 수술대 위에 누워서 삶과 죽음의 갈림길에 있었다. 지금 생각해도 정말 믿기 어려운 일이다.

  나는 예전에 양쪽 무릎을 수술한 적이 있었다. 그 수술은 고통스러웠지만 그렇게 어려운 수술은 아니었다. 지금은 담낭 제거 수술을 앞두고 있다. 그런데 그 수술은 뭔가 확실히 신뢰할 수가 없었다. 내 생애 최악의 날이 될 그 수술을 4일 앞두고 나는 두려움에 떨고 있었다. 무엇인가 잘못된 것 같았다. 나는 매직을 꺼내들고 내 배 위에 '담낭만 꺼내시오!'라고 써야할 것 같았다. 나는 외과 의사가 실수할 것만 같은 공포에 휩싸였다.

이상한 느낌

나는 원래 아침에 잘 일어나지 못한다. 그런데 수술하던 날 아침에는 평소보다 더 힘들게 일어났다. 아내가 나를 집에서 병원까지 몇 킬로미터되는 거리를 차로 태워다 주었을 때 나는 속이 이상하게 아픈 것을 느꼈다. 병원이 가까워지자 나는 수술에 대해 극도로 의심하게 되었다. 깊이 생각해 보니 수술의 위험에 대해 진지하게 고민하지 않았음을 깨달았다. 내 수술을 담당할 외과 의사의 경력이나 병원에 대해 전혀 알지 못했던 것이다. 나는 오히려 수술이 끝난 지금 그 사실에 대해 더 잘 알고 있다. 나는 너무 성급했던 것이다.

병원에 도착했을 때 나는 신경과민 증세를 보였다. 내가 느낀 불길한 예감은 무엇이었을까? 의사도 말할 수 없을 정도로 불안하고 심각했던 것 같다. 간호사들은 뭔가에 포위된 것처럼 행동했다. 많은 장비들이 제대로 기능을 하지 못할 것 같았다. 그 순간 나를 미친 사람이라고 부른다 해도 그런 불안한 느낌은 무시할 수 없었다.

내가 비정상적으로 불안해하는 것을 눈치 챈 한 간호사가 나에게 안정제를 주었다. 그 약은 즉시 나를 몽롱하고 편안한 세상으로 안내했다. 나는 곧 아무 염려도 하지 않고 어떤 것에도 거부감을 느끼지 않게 되었다. 불길한 예감이 다 사라지자 나는 곧 '자, 시작!' 하는 자세로 바뀌었다. 의사와 간호사가 수술 준비를 마칠 때까지 나는 아내와 즐겁게 대화를 주고받았다. 내가 생명을 맡길 의사는 믿음직스러워 보이지는 않았지만 나는 이 수술이 무릎 수술처럼 그리 대단한 것은 아니라고 나 자신을 안심시켰다. 내가 휠체어를 타고 수술실로 들어가며 아내와 나눈 말을 결코 잊지 못할 것이다.

"여보, 사랑해! 좀 있다가 봐!"

"내가 더 사랑해요!"

아내는 소리쳐 답했다.

"아냐, 내가 더 사랑해."

내가 말했다.

우리의 말장난은 복도를 지나 내 뒤에서 수술실 문이 닫힐 때까지 계속되었다. 내가 수술대에 눕자 마취과 의사는 "10부터 거꾸로 세기"라고 기계적으로 말했다. 마취과 의사의 목소리에 아내의 목소리가 묻혀버렸다. 마취과 의사가 7을 세기 전에 어두움이 나를 덮었다.

나는 변두리에 있는 한 병원의 수술대 위에서 마취상태로 있으면서 죽는 것이 무엇이며 죽었다가 다시 살아나는 것이 무엇인지를 알게 되었다.

죽음 앞에서

바로 열흘 전에 아내와 나는 25년간의 결혼생활 중에 가장 멋진 추수감사절을 보냈다. 내 신체적, 감정적 상태는 최고로 좋았다. 수술 날짜가 잡혔지만 전혀 개의치 않았다. 칠면조 요리와 파이가 먹음직스러웠다.

이번 감사절을 좀 더 특별하게 만들어준 것이 무엇이었을까? 아마도 감사절을 함께 보낸 사람들의 완벽한 조화였던 것 같다. 우리의 친한 친구인 로즈와 마리안은 20년째 우리와 함께 추수감사절을 보냈다. 로즈와 마리안은 엄마와 딸이 함께 사는 모습이 얼마나 아름다운지 보여 주는 사람들이다. 그 모녀가 기도하면 기적이 일어났다. 그 모녀가 사랑하면 사람들은 감동을 받았다. 우리는 로즈와 마리앤의 행동이 수백 명의 삶을 변화시키는 것을 지켜보았다. 로즈와 마리앤은 주위 사람들에게 기쁨이었다.

덴과 메리 포터도 함께 했다. 우리 부부가 1985년에 교회를 개척하기 위해 신시내티에 왔을 때 아는 사람이 아무도 없었다. 우리가 그곳에 정착하는 것을 도와 줄 만한 사람이 아무도 없었을 때 우리 부부는 덴을 만났다. 그 당시 덴은 열아홉 살이었으며 진로를 고민하며 대학에 진학하려고 준비 중이었다. 신시내티에 정착한 지 1년이 지나 나는 덴의 친구가 되었으며 덴이 그래픽 사업을 시작하고 멋진 여성과 결혼해서 아름다운 가정을 꾸리는 것을 지켜보았다. 덴과 메리는 우리 부부의 가장 친한 친구 중 한 사람이다.

잠시였지만 우리 큰딸 레베카도 추수감사절 파티에 함께 했다. 딸아이는 열일곱 살이었고 고등학교 상급반이었다. 레베카는 외향적이어서 친구가 많았다. 그래서 친구들을 만나느라 그날도 우리와 몇 시간밖에 함께 하지 못했다. 딸 자랑을 하자면, 레베카는 손님이 현관에 들어서면 펄쩍펄쩍 뛰며 포옹하고 악수를 청해서, 누구라도 자신이 중요한 사람이 된 것처럼 느끼게 만들었다. 실제로 레베카는 모든 사람이 중요하다고 믿고 있었다.

레베카가 다섯 살 되었을 때 나는 아내에게 레베카가 어른이 되면 영업계의 중요한 인물이 될 거라고 예언했다. 그 예언처럼 요즘 레베카는 샌디에이고에서 의약품을 판매하면서 성과를 인정받고 있다. 레베카는 같은 직종에서 일하는 사람들보다 열 살은 어리지만 경쟁력이 높은 자리를 차지하게 되었다.

둘째 딸 로라는 감사절 음식 요리를 도와주었다. 로라는 레베카와 매우 다르다. 로라는 예술적인 감성이 뛰어났다. 추수감사절 때 로라는 열네 살이었고 중학교 3학년이었다. 로라는 천성적으로 조용했다. 그 당시 로라는 한창 사춘기였다. 로라는 일기장에 자신이 원하는 일을 하려면 내성적인 성격보다는 외향적인 성격이 필요하다는 것을 깨달았다고 기록했다.

부모로서 로라가 변하려고 애쓰는 모습을 지켜보는 것은 고통스럽기까지 했다. 그러나 연약한 의지를 사용해서 로라는 매우 다른 성격으로 성장해 갔다. 로라가 변하면서 더 많은 친구들이 생겼고 학교생활이 즐거워졌다. 로라의 고등학교 졸업앨범에는 전교생 천 5백명 중 가장 장난기 많은 6명이 소개되었다. 로라는 그 6명 중에서도 가장 장난기 많은 아이로 꼽혔다.

막내아들 잭은 로라보다 일곱 살 아래다. 그해 추수감사절에 잭은 일곱 살이었으며 2학년이었다. 잭은 시험에서 좋은 점수를 받았고 키가 컸기 때문에 우리는 잭을 1년 일찍 입학시켰다. 잭은 항상 적극적이었고 호감 가는 아이였다. 그해 감사절에 잭은 우리를 즐겁게 했다.

잭은 나를 많이 닮았다. 이제 잭은 열다섯 살인데 나보다 5센티 정도 크다. 잭은 기타를 아주 잘 치고 사진 찍기를 즐긴다. 나도 그런 재주가 있다. 그러나 솔직히 말하면 잭이 두 가지 모두 나보다 잘 한다.

그 추수감사절에는 우리 가족의 가장 친한 친구들이 모였었다. 이 세상에서 나와 가장 가까운 사람들이었다. 그 추수감사절에는 특별한 일은 없었지만 환상의 하모니를 이루었다. 추수감사절 파티가 끝나갈 무렵 아내와 나는 이런 말을 주고받았다.

"이번 추수감사절은 어떤 때보다도 훌륭했어. 그런데 이런 시간은 오래 지속되지는 못할 거야. 이제 곧 아이들이 우리 곁을 떠나 대학에 갈 테니까. 그러니 지금 이 시간을 맘껏 즐기고 감사합시다."

우리가 스치듯 던진 말이 그토록 예언적인 말이 될 줄은 상상조차 하지 못했다.

며칠 후면 아내의 생일이었기 때문에 우리 가족은 외식을 했다. 극장에서는 '크리스마스 캐럴'이라는 연극을 공연

하고 있었다. 나는 그 연극을 이미 세 번이나 보았기 때문에 또 보고 싶지 않았다. 그러나 나는 가족들과 함께 시간을 보내기 위해 따라갔다.

지금 돌이켜 보면 나는 그날 밤 어떤 메시지를 받고 있었던 것 같다. 스크루지처럼 내 삶을 변화시킬 공포의 크리스마스를 앞두고 있었던 것이다. 나는 천사를 두 눈으로 보고, 죽음을 앞서 경험하며 장애인이 되는 것이 어떤 것인지 알게 될 것이었다. 내가 원했던 건 아니지만 소름끼치고, 영혼에 도전을 주는 사건들을 경험하게 되어 있었다. 가장 중요한 것은 나를 둘러싼 모든 것을 뒤집어 놓는 하나님의 음성을 듣게 될 것이라는 사실이었다.

마음을 즐겁게 해 주는 크리스마스 연극은 몇 시간 후면 매우 고통스럽고 실제적인 일이 될 것이었다. 아마도 그것은 사전 경고였던 것 같다. 왠지 모르게 불안했던 나는 다음 날로 예정된 수술을 취소하기로 결심했다. 그래서 연극이 쉬는 시간에 의사에게 전화를 걸어 수술을 취소해 달라고 아내에게 부탁했다. 아내가 전화를 걸었지만 통화가 되지 않아 내일 받기로 한 수술을 취소하겠다는 메시지를 남겼다. 나는 왠지 담낭을 제거하고 싶지 않았다. 그날 밤 집에 도착했을 때 의사가 전화를 했고 오히려 나는 수술할 것을 설득당했다.

스티브 쇼그린 목사의 가족사진

일상적이지 않은 사건

"6…, 5…, 4…"

물론 아내는 마취과 의사가 숫자를 세는 소리를 듣지 못했고 내가 어둠 속에서 쓰러져가는 것을 보지 못했다. 아내는 대기실로 돌아와서 커피를 마시며 내 비서와 이야기를 나눴다. 아내는 모든 것이 잘 될 거라고 생각했다.

한참이 지난 후 간호사가 아내와 비서에게 이제 막 수술이 시작되었다고 전해주었다. 그때 아내는 뭔가 이상하다고 생각했지만 별로 대수롭지 않게 여겼다. 45분쯤 후에 간호사가 아내와 비서를 작은 회의실로 안내했다.

"일이 좀 잘못되었습니다."

간호사는 밋밋하고 사무적인 어조로 말했다.

"문제가 좀 있어서 남편께서는 오늘 퇴원하실 수가 없게 되었습니다."

"무슨 일인데요?"

아내는 놀라서 물었다.

"출혈이 심해서 수술이 지연될 것 같습니다."

간호사의 말을 듣고 아내는 불안에 떨며 화장실로 가서 기도했다. 아내가 온 마음을 다해 하나님께 부르짖는 소리는 차가운 타일에 부딪혀 메아리를 울렸다.

"오 하나님, 하나님, 하나님, 제 남편이 죽지 않게 도와주시옵소서!"

흐릿한 베이지색의 화장실 벽은 묵묵부답이었으며 아내를 위로해 주지 못했다. 아내는 회의실로 돌아왔다. 아내의 몸은 거의 마비가 되었다.

비서는 생각해낼 수 있는 사람에게 모두 전화를 걸어서 같은 말을 반복했다.

"목사님을 위해 기도해 주세요!"

간호사들과 의사들은 아내와 비서에게 매시간 여러 번 간단한 보고를 했다. 하루가 지날 때까지 좋은 소식은 들려오지 않았다. 심한 출혈은 지속되었고 나는 의식을 잃었다. 여러 의사들이 나를 살리기 위해 모였다. 얼마 후에 사고 원인이 밝혀졌다. 수술 중에 실수로 대동맥을 칼로 찌른 것이다. 그것도 한 번이 아니라 두 번이나 찔러서 대동맥 앞쪽과 뒤쪽으로 칼자국이 났다. 그것이 문제였다.

그 소식은 순식간에 퍼졌다. 그날 저녁 지역 라디오와 텔레비전에서 내 사고 소식을 전했다. 시청자가 많은 라디오 프로그램은 내 상태를 매시간 보도했다. 6시 뉴스도 내 소식을 보도했다.

일부 사람들은 사고가 있었던 날 한밤중에 전화로 사고 소식을 들었고 어떤 사람들은 다음날 오후가 되어서야 알게 되었다. 친구들이 병원에 찾아오기 시작했다. 아내의 말에 따르면 내 사고 소식에 모든 사람이 한 대 얻어맞은 듯한 충격을 받았다고 한다.

"스티브에게 어떻게 그런 일이? 얼마 전에 그 친구를 보았는데…. 며칠 전만 해도 건강한 모습이었는데 죽게 되었다니, 어떻게 그럴 수 있지?"

사람들은 아직도 자기가 그때 어디에 있었는지, 언제 그 소식을 들었는지를 이야기한다.

그날 오후 나는 중환자실로 옮겨져 산소 호흡기를 연결했다. 생명을 연장하기 위해서였다. 내 목에 산소 호흡기를 꽂았을 때 아내는 동요했고 몹시 불안했다고 한다. 아내는 의사가 내 상태에 대해 설명하는 전문용어를 이해하려고 애쓰며 하루 종일 충격 속에 휩싸였다. 한밤중이 되자 의사와 간호사는 밤새 아무 일도 없을 거라고 아내를 설득시켰다. 그래서 아내는 내키지 않았지만 집으로 돌아갔다.

한밤중에

아내는 전화기를 옆에 두고 잠들었다. 전화벨이 울렸을 때는 깊은 잠에 빠져 있었다. 간호사가 전화로 말했다.

"병원에 오셔야 할 것 같습니다. 남편분이 다시 수술을 받게 되었습니다."

나중에 아내는 이렇게 말했다.

"살아서 당신을 보려면 병원에 가야한다는 생각이 들었어요. 나는 기운이 빠져서 일어설 수가 없었지만 일어나서 옷을 입었어요. 옷을 입을 때 옷장에 걸린 당신 옷을 보니 다시는 당신이 집에 돌아와 그 옷을 입을 수 없을 것 같다는 생각이 스쳤어요."

아내는 차를 운전할 상황이 아니었다. 그래서 큰딸에게 운전을 부탁했다. 작은딸도 동행했다. 대기실에 모여 있는 친구들을 대면하고 싶지 않아서 아내와 딸들은 자기들만 있을 수 있는 빈방을 찾았다.

내가 두 번째 수술을 받기 위해 수술실에 들어가려 했을 때 간호사가 아내와 딸들을 불렀다. 나는 진정제를 먹은 상태여서 아내가 하는 말을 한 마디도 알아듣지 못했다. 그러나 아내는 플로리다에 가서 교회를 개척할 계획을 상기시키며 말했다.

"여보, 당신은 해낼 수 있어요. 난 혼자 플로리다에 가고 싶지 않아요."

아내는 내 기억을 환기시켜 주려 했다.

제2장 _ **기적을 위해 죽다**

　　　　　　그날은 죽기에는 너무 아름다운 날이었다. 나는 쓰러져가고 있었다. 다시 소생할 가능성은 전혀 보이지 않았고 생의 마지막 순간이 다가온 것 같았다.

　의사들은 내부 출혈이 심했을 것으로 판단하고 수혈을 하고 수액을 주입했다. 그러나 두 번째 수술을 위해 수술실로 가는 동안 의료진이 내 환부를 열어보고는 생각했던 것보다 피를 많이 흘리지 않았다는 사실을 알게 되었다. 나를 살리기 위해 주입한 수액과 피 때문에 온 몸이 붓고 호흡하는 것조차 곤란해졌다. 나는 몇 시간 만에 82kg에서 143kg까지 몸무게가 불어났다.

나사로가 된 이야기

우리는 죽었다가 다시 살아난 사람이 직접 이야기하는 것을 들어보지 못했다. 나사로는 부활했다. 그러나 우리는 나사로가 육신을 떠난 경험에 대해 말하는 것을 들어본 적이 없으며 그가 부활한 후 어떻게 살았는지에 대해서도 듣지 못했다. 죽음과 부활은 대부분 신비에 싸여 있기 마련이다.

내가 이 책을 쓰고 있는 것을 보면 내가 죽지 않은 것이 분명하다. 나는 내가 경험한 나사로 이야기를 들려주기로 결심했다. 1장에서 나는 삶과 죽음의 경계의 큰 그림을 보여 주었다. 기억을 더듬어 조금 뒤로 돌아가 보자.

나는 수술하기 몇 달 전부터 기름진 음식을 먹은 후에는 참을 수 없을 만큼 배가 아팠다. 그 고통은 소화불량이나 가슴앓이와는 비교할 수 없는 것이었고 마비증상이나 얼얼함이 뒤따랐다. 나는 직업상 세계를 돌아다니며 말씀을 전해야 했다. 런던이나 내슈빌에 있을 때 나는 복통 때문에 검사를 받았다.

의사는 내 담낭에 문제가 있다고 진단하고 나에게 젊은 외과 의사를 소개해 주었다. 그 외과 의사는 경험이 부족해 보였다. 그러나 사실 누가 의사를 판단할 수 있겠는가? 또 의사의 전문적인 성공과 실수를 알아내는 것은 큰 성에 침입하는 것과 같이 어려운 일이다. 나는 초음파 검사를 받았지만 결론은 내릴 수 없었다. 담낭에서는 특별히 눈에 띠는 증상이 나타나지 않았다. 의사는 면밀한 검사를 위해 개복술을 제안했다. 몸에 작은 칼집들을 내어 증상을 살펴보고 필요한 경우에는 담낭을 들어내는 수술이었다. 수술 후 회복이 빠르고 수술 시간이 짧기 때문에 그런 방법의 수술이 유행을 하고 있었다.

수술에 대한 설명을 들을 때 그 수술은 안전해 보였다. 외과 의사는 12월로 수술 날짜를 잡았다. 수술 전까지 계속 정기적으로 검사를 받아야 한다고 했다.

역사의 교훈

의료사고 후 나는 담낭에 대한 모든 정보를 찾아 읽었다. 특별히 어설픈 담낭 제거 수술에 대해서 많이 읽어보았다. 그러나 그런 일은 몸에 칼을 대기 전에 했어야 했다.

50만 명이나 되는 미국인들이 매년 담낭 제거 수술을 받는다.[1] 대부분의 수술은 성공하지만 그렇지 못한 경우노 있다. 희생자 중에는 1975년에 세계적인 부자 중 한 명인 아리스토틀 오나시스도 있었는데 오나시스는 담낭 제거 수술을 받은 지 한 달 만에 죽었다. 1987년에는 전위 예술가, 앤디 워홀이 같은 수술을 받고 얼마 후에 합병증으로 사망했다. 인터넷을 검색해 보니 어설픈 담낭 제거 수술의 실제와 의심되는 사례가 20여 개나 있었다. 나와 같은 일이 얼마나 자주 일어나는지 정확하게 말할 수는 없지만, 일어나고 있는 것은 분명한 사실이었다.

오나시스나 워홀은 사망할 당시 매우 부자였다. 그들은 있는 돈을 모두 들여서 가장 훌륭한 외과 의사에게 자신의 수술을 맡겼을 것이다. 그러나 그들은 결국 죽었다.

나는 수술 후 담낭 제거 수술을 앞두고 두려움과 공포에 떠는 사람들을 많이 만나 보았다. 나는 전문의가 아니다. 그러나 배운 것이 있기에 나는 늘 같은 조언을 한다. 자신을 위해 적극적인 건강 변호사가 되라는 것이다. 수술에 대해 조사해 보고 다른 의견도 들어 보고, 가능한 가장 잘하는 병원을 찾아보라. 아무도 당신이 찾는 것보다 더 좋은 병원을 찾아줄 수 없다.

수술

"3…, 2…, 1"

숫자 세기가 계속되었고 나는 잠이 들었다. 의사는 갈비뼈를 따라 구멍을 냈다. 외과 수술 장치를 삽입하기 위해 구멍을 내는 것이다. 그 상처는 아직도 선명하게 남아 있다. 상처들은 2.5센티 간격으로 나 있다. 네 번째 상처는 바로 배꼽 밑에 있다. 그 네 번째 구멍은 필요하다면 담낭을 제거하기 위한 도구를 넣기 위해 낸 것이다.

그런데 의사가 네 번째 절개를 할 때 뭔가 큰 실수를 했다(이것은 아내와 아이들이 뭔가 잘못되었다는 것을 알기 전인 첫 번째 수술 때 일어난 일이다). 내가 알기로는 의사가 수술칼의 각도를 잘못 잡은 것이다. 그는 칼로 내 위 근육을 2.5센티로 찔러야 하는데 실수로 10센티까지 찔러 버렸다. 그래서 면도날같이 날카로운 수술칼이 내 소장과 대장, 그리고 가장 문제가 된 대동맥을 통과하고 지나갔다. 그것은 큰 칼이 신경 다발을 담고 있는 척추를 뚫고 들어온 것과 마찬가지였다.[2]

중학교 생물 시간에 대동맥이 심장에서 나온 피를 몸의 각 부분에 전달해 주는 역할을 한다고 배웠을 것이나. 내동맥에 두 개의 구멍이 생겼다면 어떤 일이 일어났을지 상상할 수 있을 것이다. 구멍에서 피가 분수처럼 뿜어져 나왔다. 혈압은 즉시 50/30으로 떨어졌다(정상 혈압은 120/80이 정상이다).

내가 피를 쏟고 있다는 것을 의사는 알지 못했다. 의사는 내 혈압이 다시 떨어졌을 때 무척이나 당황했다. 의사는 내 위장의 앞쪽을 들여다보았지만 내가 피를 쏟고 있다는 것을 전혀 알지 못했다. 그러나 중력에 의해 피는 혈관에서 척추로 흘러갔다.

확신의 말씀

그때 나는 천장을 쳐다보고 있었다. 나는 빛을 보았고 어떤 목소리를 들었다. 그것은 하나님의 음성이었다. 하나님은 큰소리로 말씀하셨다. 하나님의 음성은 들을 수 있는 것이었다. 나는 직관적으로 나를 부르시는 분이 하나님이라는 것을 알았다. 그것은 수백 명의 친구들이 조화로운 단음으로 말하는 것 같았다. 그 음성은 친밀하게 느껴졌으며 나를 평안으로 인도했다. 그러나 동시에 지진이 나는 소리와도 같았다. 모세가 수천 년 전 광야에서 불타는 나뭇가지에서 들었던 소리일 것 같았다. 하나님은 모세가 소망을 잃고 어디로 가야할지 몰라 방황하고 있을 때 모세를 부르셨다.

나는 모세가 아니다. 그러나 그 작은 병원의 수술실에서 하나님의 음성을 듣는 것은 나에게 절실한 것이었다.

하나님을 믿고 따르며 신앙생활 하는 동안 나는 하나님의 음성을 소리로 들어본 적은 없었다(물론 그때 이후로도 없다). 사실, 나는 하나님이 큰 소리로 말씀하시는 것을 들은 사람을 만나본 적이 없다. 그런 의사소통은 일반적인 것은 아니다. 아마 하나님은 비상시에만 이런 방법을 사용하시는 같다. 나는 처음으로 하나님의 음성을 듣고 매우 놀랐다.

"두려워하지 말라. 너는 아무것도 두려워할 필요가 없다. 다 잘 될 것이다."

하나님은 나에게 확신을 주셨다. 나는 전혀 두렵지 않았다. 나는 수술실에서 일어나는 일에 더 놀라고 있었다. 그것은 환각 증상 같았다.

나는 천장으로 천천히 떠올랐다. 나는 흥분해서 아래를 내려다보았다. 마치 수소풍선을 단 광주리에 카메라를 설치한 것 같았다. 그러다 갑자기 내가 내려다보고 있는 것이 나 자신임을 발견했다. 그것은 이상한 꿈같았다. 그러나 하나님이 확신을 주셨기 때문에 나는 평안했다. 그때까지 나는 하나님의 음성을 들었다고 말하는 사람들을 괴짜라고 생각했었다. 그러나 이제 나도 그 무리 가운데 끼게 된 것이다.

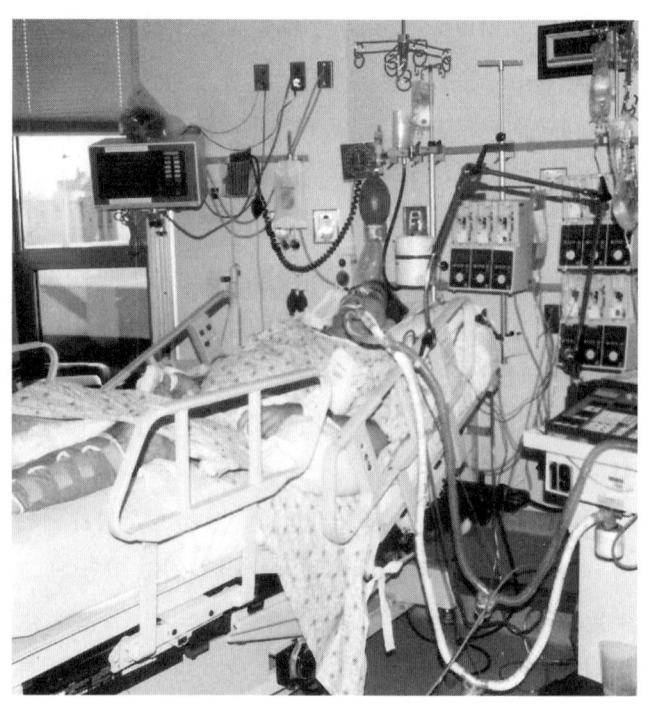

사고 당시의 모습

심장이 멈추는 소리

외과 의사들과 마취과 의사들이 회의를 했다. 의사들은 내가 심장마비를 일으켰다고 생각하고 배를 깔고 눕도록 뒤집었다. 그러나 별 소용이 없었다. 의사들이 진짜 문제가 무엇인지 찾고 있는 동안 귀중한 몇 초가 지나갔다. 다른 의사들이 수술실로 뛰어 들어왔다. 결국 다른 외과 의사가 내 복부에 더 큰 칼집을 내어 상태를 살펴보고 나서야 원인을 발견했다. 그 의사는 절개된 부분을 조심스럽게 보더니 손가락으로 대동맥에 나 있는 두 개의 구멍을 가리켰다.

무너진 제방의 거센 물결을 막기 위한 긴박한 시도는 몇 분간 지속되었다. 의사는 긴급하게 B형 피를 20유닛 주문했다. 간호사들은 그 주문을 받았을 때 불가능하다고 생각했다. 그렇게 많은 피를 주문한 적이 없었다는 것이다. 인간의 몸은 17유닛의 피만 담을 수 있다.

의사들은 내 팔에서 혈관을 찾지 못했다. 혈관은 없어진 것 같았다. 혈압이 낮아져 축소된 것이다. 여러 번 시도한 후에야 간신히 혈관을 찾아냈다. 그리고 피를 수혈하기 시작했다. 의사들은 다시 심장을 뛰게하려고 가슴을 계속 눌렀다. 그러나 심장이 뿜어내는 피는 다시 동맥의 구멍을 통해 흘러나왔다.

혈압은 계속 떨어졌다. 심장박동은 거의 멈춘 상태였다. 몇 분 후에 혈압은 더 낮아졌다. 마침내 내 심장은 멈췄다. 심장 모니터 스크린의 그래프가 평평한 직선이 되었다. 경고음이 울렸다.

"심장이 멈췄어!"

마취과 의사가 소리 질렀다. 외과 의사가 욕설을 퍼부었다. 두 사람은 서로 욕을 했다. 간호사들은 어디서 도움을 청해야 할지 혼비백산했다. 나는 육체를 빠져나와 여기저기 떠다니면서 의사들이 쩔쩔매는 모습을 명확하게 볼 수 있었다.

내 심장은 7분간 멈췄다. 그러나 마치 몇 시간은 된 것 같았다. 성경은 하나님께서 시간을 다스리시며 시간을 고무줄처럼 늘렸다 줄였다 하실 수 있다고 말한다. "하루가 천 년 같고 천 년이 하루 같다."[3] 시계가 '똑딱' 소리를 냈을 때 나는 하나님의 음성을 들었다. 하나님은 내 생명에 대해 말씀하셨으며 내 삶을 변화시키기 원하신다고 하셨다.

하나님은 내 삶을 변화시키고도 남을 만한 경험들을 주셨다. 그것은 내가 죽을 때까지 잊지 못할 메시지들이었다. 그 중에는 나눌 수 있는 이야기도 있고 개인적으로 혼자 간직하고 싶은 이야기도 있다. 하나님의 말씀은 내 삶의 중심이 되어 지금도 나는 그 말씀을 전하고 있다.

다시 뛰기 시작한 심장

수술실 이야기를 계속하자면 누군가가 내 심장을 다시 뛰게 하기 위해 인터폰으로 많은 사람들에게 도움을 청했다. 가운을 입은 외과 의사들과 간호사들이 수술실로 몰려들었다. 모두가 너무 피곤한 상태였다. 어떤 의사가 심장을 뛰게 하려고 가슴을 압박하는 동안 다른 의사는 산소를 공급하는 등 여러 가지 일이 동시에 진행되었다. 내 몸은 세차게 위아래로 움직이곤 했다. 내 발은 수술대 밑으로 축 늘어져 있었다.

그러나 정작 내게 필요한 동맥 수술을 할 수 있는 사람은 거기에 없었다. 그 수술을 할 수 있는 의사를 호출했을 때 그 의사는 마침 점심을 먹으러 막 나가려던 참이었다. 결정적인 순간에 그 의사는 내 동맥의 구멍을 꿰맸고 그것은 첫 번째 구조행위였다.

심장이 다시 뛰기 시작했을 때 내 영은 몸속으로 다시 들어가게 되었다. 그 움직임은 아무도 눈치 챌 수 없었다. 나는 폭풍의 눈 한가운데 있는 것 같았다. 이상하게도 나는 수술실에서 진행되고 있는 일을 모두 알았고 나만 하나님의 음성을 들을 수 있었다.

내 심장은 멈췄다가 다시 뛰게 되었다. 내 영은 몸 밖으로 빠져나갔다가 다시 들어왔다. 내가 죽었던 것일까? 죽었다가 다시 부활한 것인가? 의사들과 나는 그 부분에서 견해가 다르다. 그러나 내가 확실히 아는 것은 하나님이 보잘것없는 내게 말씀하셨다는 것이다.

살기 위한 몸부림

내 육체는 기진맥진했지만 영은 깨어 있었다. 나는 다시 중환자실로 옮겨졌다. 거기에는 두어 개의 가구가 있었다.

간호사들이 들어왔다. 간호사들은 수혈로 인해 몸이 부을 것을 감안해 미리 내 결혼반지를 빼두었다. 그들은 내게 산소 호흡기를 끼웠다. 나는 어렴풋하게 불편함을 느꼈고 나에게 무슨 일이 일어나고 있는지 궁금했다.

이제 동맥에서 분출되던 피는 완전히 멈췄지만 몸은 부어올랐고 혈관은 제자리를 찾지 못해 흐느적거렸다.

사람들이 정신없이 뛰어다니며 나를 살리려고 할 때 나는 계속 하나님과 평안한 대화를 나누었다. 우리는 말로만 대화한 것이 아니라 기억과 이미지로 대화했다. 하나님은 나를 얼마나 귀하게 여기시는지 알려주셨다. 그때 무엇인가 나를 둘러싸고 있던 느낌, 하나님이 나를 완전히 품고 있다는 느낌은 지금도 형용하기 어렵다. 나는 지극한 사랑을 받고 있다고 느끼면서도 한편으로는 삶의 많은 부분이 하나님이 의도하신 것과 어긋나 있다고 생각했다. 내가 너무 자주 넘어져서 천사가 골치가 아팠을 것 같다. 그러나 내가 실패했음에도 불구하고 하나님은 전적으로 나를 받아주시고 절대적인 사랑을 주셨으며 또 다른 기회를 주실 것을 약속하셨다.

하나님이 내 삶에 우상을 버릴 수 있는 기회를 주시고 다른 사람들을 포용할 수 있는 능력을 주시는 것을 느낄 수 있었다. 나는 본이 되는 아버지와 남편이 되어야 했다. 바로 그 병실에서 나는 내 아이들의 친구 이름을 하나도 모른다는 사실을 깨달았다. 나는 본이 되는 리더와 이웃과 친구가 되어야 했다.

각주

1. 데이브 머레이(Dave Murray), '여성의 운동과 건강한 담낭'(Women Exercise and Healthier Gallbladders) Safety and Health Magazine 국립안전협회, 1999.12.10, http://www.nsc.org/pubs/sh/gram1299.htm#A (2005.10.17에 개통)
2. 사고의 원인에 대한 기록은 내가 다녔던 병원의 의사들이 제공해 준 정보를 근거로 한 것이다.
3. 베드로후서 3:8

제3장 _ 죽음의 문턱에서 춤추다

의사들은 위험에 빠진 인간의 몸은 뇌와 심장을 보호하는 쪽으로 작용한다고 말한다. 다른 기관들보다 뇌와 심장이 우선이 되는 것이다. 사고 후 내 결장은 제기능을 하지 못했고 신장 기능도 약화되기 시작했다. 상처가 난 소장은 독소를 뿜어내 여러 기관으로 흘러들어 갔다. 방출된 독성 때문에 하루 이틀 사이 심한 부패성 염증이 생겼다. 수술 후 나흘이 채 지나지 않아 피의 잔여물로 인해 결장염이 생겼다. 그런 염증으로 사망한 사람들이 꽤 많다고 한다. 나에게는 소망이 없는 것 같았다.

SOS

큰딸 레베카는 내게 특별한 아이다. 침몰하는 배를 구하려는 선장같이 친구들에게 전화를 해서 기도를 요청했다. 딸아이의 친구 크리스틴의 아버지, 더글라스 핸토 박사는 신시내티에 있는 큰 대학병원의 유명한 이식 수술 의사였다. 크리스틴은 레베카에게 소식을 듣고 곧바로 아빠에게 전화를 했다. 크리스틴은 아빠에게 레베카의 아빠를 도와달라고 간곡히 부탁했다.

핸토 박사는 의료 시설이 잘 갖추어진 자신의 병원으로 나를 옮겼다. 나를 수술한 병원의 외과 과장은 이미 내 상태가 심각하다는 것을 잘 알고 있었기 때문에 큰 병원으로 옮기는 것을 허락했다. 남전도회 회원 중 한 사람은 이미 핸토 박사에게 전화를 건 상태였다.

"저에게 형제 같은 친구가 있는데 도움이 절실하게 필요합니다!"

핸토 박사는 내 치료를 책임지고 맡기로 했다.

구조하러 온 사람들이 "우리가 도울 수 있습니다"하고 말하는 것을 듣는 순간 아내는 어둠 속에서 한 줄기 빛을 보게 되었다.

나를 병원 침대에서 구급차 들것으로 옮기는 데만 5시간이 걸렸다. 주요 내장의 위험 수치는 작은 움직임이나 부딪힘에도 심하게 오르내렸다. 아내는 최소한 내가 살 수 있다는 소망이 생겼기에 그 상황을 어느 정도 지켜 볼 수 있었다고 한다. 아내는 내가 두 번째 병원에서 살아나면 생존할 수 있을 거라고 확신했다.

크리스마스가 다가오고 있었다. 그러나 아무도 크리스마스의 즐거움을 누리지 못했다. 선물을 열어 보는 것도, '참 반가운 신도여'를 부르는 일도 잊었다.

새로운 도전, 새로운 싸움

나는 신시내티의 가장 큰 대학병원에서 아무나 입지 못하는 환자복을 입었다. 병실문에는 '중환자실'이라고 적혀 있었다. 핸토 박사와 의료팀이 죽음에 맞서 싸우는 동안 관계자 외에는 출입이 금지되었다.

두 번째 병원으로 옮기고 한 주 동안은 죽음의 문턱을 넘나드는 엄청난 일들을 겪었다. 나는 혼수상태에서 깨어났지만 걸쭉염과 혈관 내의 부패성 염증으로 또 나쁜 위기를 맞았다. 또 합병증으로 폐렴도 생겼다. 그것은 누가 봐도 확실한 재앙이었다.

나는 매우 고통스러웠고 살 수 없을 것 같았다. 산소호흡기가 가슴 안팎으로 공기를 뿜어내고 있었다. 내가 깨어났을 때 내 입속으로 넣어 목으로 내려간 이상한 호수 같은 것을 잡아당기지 않도록 내 손은 침대에 묶여 있었다. 도뇨관에는 소변이 모아졌고 종아리 주위를 둘러싼 특수 베개는 피가 응고하지 않도록 수축했다가 팽창했다.

의사들은 내부가 얼마나 상했는지 확인하기 위해 열심히 들여다보았다. 그러나 간의 일부는 이미 죽어서 제거해야 했고 결장과 대장의 일부는 저혈압의 스트레스를 견디지 못해서 파열되기 시작했다. 그래서 인공항문을 통해 배설물이 배 옆쪽으로 나오게 했다. 인공항문을 달기 위해 옆구리에 구멍을 내어 비닐 주머니를 붙였다. 그것이 잘 작동되면 배설물이 구멍을 통해 몸 밖으로 빠져나오는 것이다.

핸토 박사와 의료팀은 수술하는 동안 내 몸이 절개된 채로 열려 있을 때 주요 기관의 기능이 상승하는 것을 발견했다. 그래서 그들은 평소에 하지 않던 일을 시도해 보았다. 그들은 부어오른 몸이 가라앉기를 바라며 의료용 비닐 같은 것으로 내 상처를 덮고 그대로 놔두었다.

나는 치료를 위해 유도된 혼수상태에 들어갔다. 혼수상태는, 몸이 부풀어 올라서 느끼는 통증과 지난 몇 주 동안 받은 여러 가지 수술로 인한 통증을 이겨내는 데 충분한 도움을 주었다. 나는 이전 병원에서 의식을 찾은 후부터 계속 심한 통증을 느끼고 있었다.

혼수상태에 있는 동안 흥미로운 일들이 일어났다. 우선 하나님이 계속 말씀하셨다. 이번에는 목소리는 들리지 않았지만 내적인 음성을 들을 수 있었다. 그것은 젊었을 때 들었던 음성과 비슷했다. 대학 시절 영적인 부흥을 경험했을 때 들었던 음성 같았다. 그 다음 해에 나는 여러 가지 방법으로 여러 번 하나님의 음성을 들었다. 그러나 이번에는 모든 것이 새롭고 달랐다. 더 심오한 것을 느낄 수 있었다.

첫 번째 병원에서 영이 몸에서 빠져나왔을 때 나는 주변에서 일어나는 모든 일들을 알 수 있었다. 나는 의사들이 내 몸에서 의료 기구를 뺄 것인지에 대해 의논하는 것도 들을 수 있었다. 어떤 의사들은 내가 죽었다고 확신했지만 나는 의사들이 하는 말을 모두 들을 수 있었다.

대학 병원에서 유도된 혼수상태로 있을 때도 나는 사람들이 내 상태에 대해 말하는 것을 들을 수 있었다. 어떤 사람들은 병실에 들어와서 울기만 했다. 또 어떤 사람들은 내가 생존할 가능성이 얼마나 되는지에 대해 섬뜩한 질문을 하기도 했다.

그 경험을 통해, 나와 비슷한 상황에 있는 환자들을 다른 사람들은 죽었다고 생각할지도 모르지만 나는 그 환자가 주변에서 일어나는 일을 모두 인식하고 있다는 것을 확신하게 되었다. 그렇기 때문에 나는 결코 뇌사상태를 사망으로 인정하는 카드에 서명하지 않을 것이다. 내가 건강했을 때 작성한 서류를 근거로 해서 내 삶과 죽음에 대해 의사들이 결정을 내리게 하고 싶지 않다. 하나님의 능력으로 의술을 뛰어넘는 일이 일어날지에 대해서는 아무도 말할 수 없는 것이다. 하나님이 개입하시면 모든 것은 변할 수 있다. 그래서 나를 살릴 수 있는 병원에서 오래 머무르며 도움 받는 것도 좋다고 생각했다.

죽음을 다스리는 권세

뜻밖에 로스앤젤레스에 사는 친구 래리 캡친스키 목사가 찾아왔다. 나는 진정제를 먹었지만 침대에 묶여 있었고 산소호흡기를 꽂고 있었다. 래리는 자기가 하는 말을 내가 듣고 이해할 수 있다는 것을 아는 지혜로운 사람이었다. 래리는 하나님이 이 병원에 와서 나를 위해 기도해주라고 하셨다고 말했다. 말을 마치고 래리는 즉시 자신의 손을 내 머리와 발에 얹고 기도했다.

"예수의 이름으로 명하노니 죽음아 물러갈지어다. 예수

의 이름으로 명하노니 생명은 다시 몸으로 돌아올지어다!"

래리의 기도는 권위가 있었다. 래리는 예수님이 종종 하시던 방법으로 기도했다. 죽음을 다스리는 큰 권세를 가진 기도였다. 래리는 죽음이 실제 존재하는 대상인 것처럼 명령했다. 그리고 생명에게도 같은 방법으로 명령했다.

래리가 기도하자 갑자기 영이 떠다니는 현상이 멈추고 나는 다시 몸 안으로 돌아갔다. 그 일은 너무 빨리 일어나서 만약 내가 차 안에 있었다면 충격으로 머리가 흔들렸을 것이다.

래리는 몇 시간 동안 병실에 있다가 그날 밤 늦게서야 로스앤젤레스로 돌아갔다. 그리고 그 다음 날 아침 자신의 교회에서 말씀을 전했다.

무서운 간호사

나는 중환자실에 있는 동안 혼수상태에서 깨어나긴 했지만 여러 가지 염증과 합병증을 견뎌야 했기 때문에 여전히 매우 위험한 상태였다. 차트에는 전혀 좋은 것이 기록되지 못했다. 의료진 모두가 염려하고 있었다.

더 힘든 것은 내가 모범적인 환자가 아니었다는 것이다.

나는 내 상태가 얼마나 심각한지 모르고 그동안 노력한 의사와 간호사에게 반항했다. 병실에만 있는 것이 힘들었기 때문에 나는 아내와 다른 사람들에게 병원 밖으로 데리고 나가 달라고 간청했다. 그 외에도 나는 진통제와 수면제를 복용했지만 깊은 잠을 자지 못했다.

어느 날 새벽 2시 30분쯤, 문 앞에 깐깐하게 생긴 여자가 나타났다. 그 여자는 간호사 같아 보였는데 몇 가지가 눈에 띄게 달랐다. 청바지에 무지개색 큰 스웨터를 입고 가죽 테니스화를 신고 있었다. 아프리카식으로 머리카락을 가늘게 땋아서 오글오글하게 한 레게 머리를 하고 있었다. 그 여자는 대중 가수 트레시 채프만처럼 보였고 날카롭고 딱딱한 말투는 우피 골드버그를 연상시켰다. 한 마디로 말해서 굉장히 거칠었다.

"이봐요, 쇼그린 씨!"

그 여자의 말투는 엄하게 들렸다.

"당신은 치료하는 데 비협조적군요. 당신이 의사와 간호사들에게 협조하지 않으면 회복은 불가능해요. 내가 말하려고 하는 건 간단해요. 당신이 살고 싶다면 우리와 함께 해야 해요. 당신의 적극적인 태도를 보고 싶군요. 지금 당장이요. 내 말을 듣고 계신가요?"

그 말을 남기고 무서운 간호사는 병실을 나갔다.

'아, 내가 얼마나 심각한 상태인지 전혀 깨닫지 못하고 있었구나. 이제 좀 더 모범적인 환자가 되어야겠어.'라고 결심했다. 그것은 지금 내 상황에서 정말 필요한 것이었다. 이미 말했듯이 나는 좋은 환자가 아니었다. 그러나 다른 한편으로는 그렇게 도전적인 간호사를 보낸 병원을 원망했다.

다시 나타난 무서운 간호사

다음 날 새벽 2시 30분에 그 간호사가 다시 나타났다. 나는 깨어 있었다. 그 간호사는 전에 했던 말을 되풀이했다. 나는 속으로 이렇게 말했다.

'알고 있다니까! 벌써 말했잖아.'

그러나 나는 산소호흡기를 꽂고 있어서 소리 내어 말할 수는 없었다.

그 간호사는 셋째 날에도 새벽 2시 30분에 내 병실에 와서는 같은 말을 남기고 갔다. 나는 그 여자가 간호 대기조였는지 우연히 나를 방문한 사람이었는지 알 수 없었다. 매일 밤 그 간호사는 같은 옷을 입고 나타났다. 그리고 힝싱 건방지고 거친 태도로 내게 겁을 줬다.

그러던 셋째 날 밤에 나는 생각했다.

'이제 정말 좋은 환자가 되어야지. 이제는 의사와 간호사들에게 저항하지 않을 거야. 좌절하더라도 그 사람들에게 화내지 말아야지!'

그러자 놀라운 일이 일어났다. 그날 밤부터 나는 놀랍게 호전되기 시작한 것이다. 얼마 지나지 않아 산소호흡기도 빼게 되었다. 의사들은 내가 빠른 진전을 보이고 있다고 말했다.

내가 다시 말할 수 있게 되었을 때 가장 먼저 한 말은 그 무서운 간호사에 대한 것이었다. 나는 그 간호사에 대해 자세히 설명했다. 가늘게 땋은 오글오글한 레게 머리, 무지개색 스웨터와 청바지, 매일 밤 같은 시간에 나타난 것 등. 그러나 간호사들은 내 말을 듣고 어리둥절해했다. 대기조에 속한 간호사 중에 흑인 간호사는 없으며 근무 시간에 청바지를 입는 것은 병원 규정상 금지되어 있다는 것이다. 나는 그 여자가 자원봉사자일지도 모른다고 말했지만 간호사들은 자원봉사자는 절대로 밤에 들어올 수 없다고 대답했다.

그 사건을 이해하는 데는 며칠이 걸렸다. 마침내 깨달은 사실은(내 회복에 관심을 보인 몇 사람의 도움으로) 그 간호사는 나를 방문한 천사였다는 것이다. 천사가 보잘것없는 나를 방문했다는 사실을 생각해 보라. 나는 그 사실을 믿을 수 없었다. 하나님은 나를 사랑하셔서 천사를 보내셨고 정말로 필요한 순간에 정확한 메시지를 전달하신 것이다.

무서운 천사를 보내신 이유

병원에서 퇴원한 후 몇몇 사람들은 왜 하나님이 내게 직선적으로 말하는 무서운 천사를 보내셨는지 궁금해 했다. 왜 나에겐 '아름다운 생'을 부른 클라랜스처럼 내 마음을 잘 이해하는 천사를 보내지 않으셨을까? 클라랜스는 매우 자상하고, 인간의 갈등을 이해하는 것처럼 보였다.

내가 내린 결론은 나같이 고집불통인 사람은 좀 더 직접적이고 확실한 방법으로 다스려야 한다는 것이었다. 나는 통증 때문에 몹시 신경질적이었다. 그래서 나를 제압할 수 있는 강한 사람이 필요했다. 하나님이 내게 필요한 천사를 정확히 아시고 내게 청바지를 입은 간호사를 보내셨던 것이다.

그러나 나는 아직도 거북이가 되려면 멀었다.

제4장 _ 거북이가 되기 위해 죽다

하루는 토끼가 짧은 다리로 느리게 움직이는 거북이를 놀렸습니다. 그러자 거북이는 "네가 아무리 바람처럼 빨라도 우리가 경주하면 내가 이길 거야"하고 너스레를 지었습니다. 당연히 자기가 경주에서 이길 것이라고 믿은 토끼는 거북이와 경주를 하기로 했습니다. 여우가 코스를 정했습니다. 드디어 경주하는 날이 되었습니다. 둘은 동시에 출발했습니다.[1]

우리는 모두 이 이야기의 결말을 알고 있다. 토끼는 엉금엉금 기어가는 거북이를 훨씬 앞서 갔다. 토끼는 거북이가 결코 자기를 따라오지 못할 거라고 생각하고 경기 중에 휴식을 취하러 맥도날드에 들어가서 햄버거와 감자튀김을 먹고 콜라도 마셨다. 그러고는 토끼는 코스 중간에 누워서 잠이 들었다. 토끼가 잠에서 깼을 때, 거북이는 이미 결승점에 도착해 있었다. 6세기의 헬라 철학자 이솝은 토끼와 거북이 이야기에서 진정한 승자는 느리지만 꾸준히 경기를 진행해 나가는 사람이라는 결론을 내렸다. 어떤 사람은 그것을 삶의 즐거움을 만끽하기 위해 여유를 갖는 것이라고 말한다. 이미 말했듯이 나는 토끼같이 빠른 사람이었다. 나는 야망을 위해 물불 안 가리고 달려간 사람이었다.

진정한 승자

전설적인 축구 코치인 빈스 롬바르디는 이렇게 말했다.
"승리가 전부는 아니지만, 승리는 유일한 것이다."
수술 받기 전의 나는 슬프게도 롬바르디의 말을 삶의 교훈으로 받아들였다. 나는 욕망이 가득한 채로 오로지 내 야망만을 위해 달려갔다. 나는 나를 둘러 싼 모든 것-경쟁의 대상이 된다면 무엇이든 상관없이-과 경쟁했다.
선생님은 나를 보고 '주의력결핍장애'(ADD-Attention

Deficit Disorder)라고 하셨다. 나는 한 시간은 커녕 단 5분도 자리에 가만히 앉아 있지 못했다. 바람이 부는 터널 속에서 날고 있는 탁구공을 한번 생각해 보라. 그 모습이 바로 내 모습이었다. 여러분은 주의력결핍장애에 대해 들어보았을 것이다. 토끼는 주의력결핍장애 증상을 보였고 나도 그랬다. 나는 주의력결핍장애의 전형적인 인물이었다.

빈스 롬바르디 코치는 모든 게임에서 이기고 싶었다. 그 꿈은 거의 이루어졌다. 많은 미국인들이 롬바르디의 예를 따랐다. 모든 것을 쏟아서 승리를 얻는 것은 본받을 만한 것이었다. 나 역시 매우 경쟁적인 사람이었다. 내가 담임목사로 있는 교회는 미국에서 가장 큰 교회 중에 하나였다. 내가 했던 모든 일은 내 꿈을 이루기 위한 것이었다. 나에게 성공적인 사역은 전부가 아니라 유일한 것이었다.

그러나 또 다른 위대한 코치인 존 우든은 롬바르디 코치와는 확연히 다른 말을 했다. 『코치 우든의 피라미드 성공법』에서 과거 UCLA 코치(10번의 전국 타이틀 석권) 존 우든은 이렇게 기록했다.

> "승리는 매우 중요하다. 그러나 사실은 무의미하다. 승리보다 더 중요한 것은 최선을 다하는 것이다. 삶의 현장에서 자신의 능력을 가장 잘 아는 사람은 바로 자기

자신이다 … 결정적인 요인은 바로 '나는 최선을 다하기 위해 노력했는가?'이다. 그것은 유일한 기준이며 자신과 하나님만이 알고 있는 사실이다. 나는 성공했는가? 내 마음에는 평안이 있다."[2]

그런 말을 하다니, 승리가 무의미하다고? 나는 승리가 유일한 길인 것처럼 살아왔다! 마음의 평안을 갖는 것이 성공이라고? 하나님과의 관계에서 평안을 얻는 것이 성공이라고? 우든은 그런 특별한 것을 의미했을 것이다.

승리할 거라고 확신했던 사람이 항상 이기는 것은 아니다. 사실 미국 사람들은 약자를 좋아한다. 이솝 우화에서는 약자가 거의 이기거나 이길 것 같지 않은 후보가 상을 받게 된다. '반지의 제왕'에서 제 앞가림도 제대로 못하는 난장이 호빗족이 승리한다. 모든 강자에 맞서서 호빗족은 불가능을 넘어 승리를 이끌어 낸다. 호빗족은 중간 지대의 악한 세력과 맞서 싸운다. 결국 1미터도 되지 않는 난장이가 강한 힘을 지닌 사우론의 군대를 이긴다.

진정한 승자는 반드시 결승전에 1등으로 들어와야 할 필요는 없다. 예수님을 보라. 어디로 보나 예수님은 승리한 사람 같지 않다. 이 세상 기준으로 보면 정말 그렇다. 예수님의 제자까지도 예수님을 부인했다. 예수님은 그 당시 사회에서 문제가 되는 출생 배경을 갖고 있었다. 어머니가 결혼하기도 전에 임신을 한 것이다. 분명한 사실은 외적으로 볼 때 예수님은 내세울 것이 없는 사람이라는 것이다. 예수님은 일반 대중들뿐만 아니라 가장 가까운 사람들에게도 인정받지 못했다. 예수님이 죽으시던 날을 생각해 보라. 범죄자로 취급받고 형벌을 받았다.

나는 진정한 승자가 무엇을 의미하는지 더 이야기하고 싶지만 이미 요점을 밝혔다고 생각한다. 사실, 그것은 하나님이 지적하신 것이다. 내가 천천히 가기 위해서는 대대적인 개혁이 필요했다. 승자를 보는 시각이 완전히 변해야 했다.

가장 큰 교회를 목회하는 것이 어떻다는 것인가? 최고가 된다는 것은? 성공하는 것은? 마음의 평안을 갖는 것은 무엇인가?

속도를 늦추는 삶

병원 침대에 묶여 있는 동안 나는 어쩔 수 없이 삶의 속도를 늦추게 되었다. 나에게 그것은 대단한 변화였다.

병원 복도는 나를 찾아 온 사람들로 가득했다. 병원 직원은 병원 역사상 그렇게 많은 방문객이 온 적은 처음이라고 말했다.

　항상 우리와 함께 감사절을 보내는 마리앤이 찾아왔다. 마리앤은 나와 하나님의 관계는 끝난 것이 아니며 이제 곧 가장 좋은 것이 찾아올 것이라고 말했다. 그 말은 큰 힘이 되어 내가 선한 싸움을 싸우고 위기의 시간을 잘 보낼 수 있도록 해 주었다. 그 당시 나는 산소호흡기를 꽂고 있어서 마리앤에게 아무 대답도 하지 못했지만 후에 나는 마리앤에게 그 말은 삶과 죽음을 넘나들던 수술실에서 하나님이 하신 말씀과 아주 비슷했다고 말했다. 모르긴 몰라도 마리앤과 하나님의 친밀한 관계가 이러한 일을 가능하게 했을 것이다.

　또 다른 친구 칼이 찾아왔다. 칼은 허드렛일을 하며 한 시간에 8달러 정도를 버는 친구다. 칼을 만날 때마다 매번 직업이 바뀐 것 같았다. 하루하루 임금을 받으면서 검소하게 살고 있었던 칼은 매우 심오한 방법으로 하나님의 음성을 듣는 친구였다. 병실에 온 칼은 지금은 비록 내가 심한 고통을 당하고 있지만 결국 하나님은 이 비극을 내 유익으로 사용하실 거라고 말해 주었다. 칼은 나를 위해 기도했을 때 어떤 사람이 등에 무거운 짐을 지고 가는데 그 짐을 내려놓은 후에는 전속력으로 전진하는 것을 보았다고 말했다. 마치 짐이 로켓 엔진으로 대체된 것 같았다고 했다.

그 말은 내 마음 깊이 새겨졌고 눈물이 났다. 그러나 어떤 방문객들은 나를 화나게 만드는 말들을 했다. 사람들은 내 사지가 침대에 묶여 있는 것을 보고 거리낌 없이 자신의 감정을 표현하는 것 같았다.

"어이, 스티브가 움직일 수가 없군! 한번 덤벼 볼까?"

실제로 사람들이 그렇게 공격적으로 말한 것은 아니었다. 내가 해석한 것보다 훨씬 친절하게 말했지만 나에게는 그렇게 들렸다.

어떤 사람들은 이번 사고가 내 삶과 사역에 대한 하나님의 진노며 하나님의 말씀을 신실하게 이행하지 않은 결과라고 말했다. 내가 죄인이여서 하나님이 나를 심판하신다고 말했다. 그 사람들은 마치 구약의 선지자같이 말했다. 선지자와 다른 것이 있다면 지팡이와 도포를 입지 않았다는 것 뿐이었다.

하나님의 음성은 큰 소리로 들렸고 매우 분명했다. 하나님은 내가 속도를 늦추고 좀 더 균형 잡힌 삶을 살기 원하셨다. 하나님의 말씀은 강렬했다. 하나님은 내 삶은 거짓이었다고 말씀하셨다. 다른 사람들이 보기에 나는 균형 잡힌 삶을 살았다. 그러나 직업을 제외한 사적인 삶에서 균형이라고는 찾아볼 수 없었다. 교회에서 매주 설교할 때 나는 균형 잡힌 삶을 살기 위해서는 어떻게 해야 하는지 전하곤 했다. 나는 실제적인 방안을 제시했으며 좋은 예화도 들려주었다. 나는 사람들이 어떻게 해야 하는지 잘 가르쳤다. 그런데 문제는 내 자신이 그렇게 살지 않았다는 것이다.

때때로 하나님은 중요한 것을 깨닫게 하고자 하실 때 내가 이해하지 못하는 방법을 사용하신다. 그런데 나는 확실히 속도를 늦추라는 말씀을 들었다. 하나님이 내게 메신저를 보내신 것이다. 그 메신저의 말을 듣고 나는 내가 속도를 늦추면 다른 사람이 나를 따라잡을까봐 두려워하고 있었다는 사실을 깨달았다. 우리가 삶의 균형을 이루고자 할 때 우리는 내가 좋아하는 사람과 그렇지 않은 사람들, 모두의 말을 들어야 한다.

나는 나를 존경하는 사람들과 나와는 전혀 다른 사람들의 말을 모두 경청할 필요가 있었다. 나와 갈등이 있는 사람과 갈등이 없는 사람들의 말을 모두 들어야 했다. 내 비전을 따라 오는 사람과 그렇지 않는 사람들의 말을 들어야 했다.

놀라운 방문

기대하지 않았던 사람이 병문안을 와서 놀랐다. 그는 1년 전 우리 교회에서 시무하던 사무장이었다. 그와는 별로 좋지 않게 헤어졌다. 그는 재능이 많고 매우 지적이며 함께 있으면 즐거운 사람이었다. 그러나 불행하게도 그는 그 일에 적합한 사람이 아니었다. 나는 그를 해고해야 했으며 그 일로 몇 주간 괴로웠었다. 내가 사고를 당하기 전에 우리는 서로를 피했다. 그래서 그가 병원에 찾아올 거라고는 꿈에도 생각하지 못했다.

그가 병실에 들어섰을 때 나는 매우 어색했다. 나는 무슨 말을 해야 할지, 어떻게 행동해야 할지 몰랐다. 나는 그가 해고당하는 고통을 겪으면서 마음에 쓴 뿌리가 생겼을 것이라고 생각했다. 그러나 내가 대학병원으로 옮기던 날 그는 나를 태운 구급차가 도착하는 시간에 맞추기 위해 시속 135킬로미터로 달려왔다. 그 이후로 그는 아내 다음으로 내 몸이 회복되는 동안 나를 가장 많이 돌봐준 사람이 되었다.

얼마 후에 나는 그에게 질문했다.

"내가 자네에게 그렇게 심하게 했는데도 어떻게 나에게 이렇게 해줄 수 있는가? 미국대륙을 횡단해서 먼 곳까지 일하러 왔는데 자네는 직업을 잃었지. 자네는 깊이 상처를 받았거나 화가 났을 걸세. 그런데 자네는 큰 결단을 했네. 나를 섬기고 있잖는가. 어떻게 그럴 수 있지?"

그가 한 말은 은혜에 대해 내가 배운 것 중 가장 큰 교훈이었다.

"이곳에 와서 목사님을 도와야 한다는 하나님의 부르심을 느꼈습니다. 그 부르심은 제 자신이나 다른 사람에게서 온 것이 아니고 하나님으로부터 온 것입니다. 이 일을 위해 예수님이 저를 부르셨습니다. 목사님이 병원에 있는 지금이 가장 도움이 필요한 때라고 생각합니다. 목사님에게 제가 가장 필요할 때 목사님을 떨쳐내고 싶지 않았습니다. 사실 상처를 받았습니다. 목사님을 계속 돕는 것도 쉬운 일은 아니었습니다. 그러나 저는 하나님께서 내 마음에 주시는 부르심으로 나아가고 있습니다."

그와 나는 아주 친한 친구가 되었다. 후에 나는 그와 함께 공동으로 책을 집필하기도 했다.

무서운 병원

몸이 회복되는 중에 나는 세 번째 병원으로 옮겼다. 일단 위기는 넘겼고 그 병원에서는 재활치료가 시작되었다.

세 번째 병원은 굉장히 무서운 곳이었다. 이곳은 단순한 부상 환자들과 뇌 손상이 심한 환자들이 함께 치료를 받았다. 처음에 나는 내가 어느 쪽에 속하는지 알지 못했다. 그러나 그것을 알아내는 데는 오랜 시간이 걸리지 않았다. 나는 계속 마음을 놓지 못하고 있었다. 나는 내가 매우 심각한 어려움에 처해 있음을 느끼게 되었다. 매주 환자들이 죽는 것을 보았다. 옆에 있던 사람들이 죽는 것을 보자 내가 얼마나 심각한 상태인지 느낄 수 있었다.

그 병원에 있는 동안 나는 대학 시절 지하 광산에서 일했던 때를 기억하게 되었다. 일하는 여름 동안 내 주위의 많은 사람들이 죽었다. 나와 같이 일하던 사람이 바로 내 옆에서 일하다가 죽었다. 1976년에 한 시간당 25달러를 받았는데 그 당시로서는 매우 높은 금액이었다. 그 돈은 그 해 대학 등록금을 지불하고도 조금 남는 돈이었다. 그러나 죽음의 가능성은 항상 내 눈앞에 있었다.

친구들과 교회 성도들 그리고 내가 알지 못하는 분들이 나를 돕기 위해 방문했다. 나는 그 도움을 받아들였다. 머리 감는 것과 세수하는 것, 귀 청소를 부탁하는 것은 나를 초라하게 만들었지만 차차 익숙해졌다.

덕이라는 친구가 그 무서운 병원을 방문했다. 덕은 시애틀에 살고 있었지만 대학에서 강의하기 위해 내가 입원해 있던 병원 근처로 오게 되었다. 덕은 내 상황에 대해 듣고는 내가 있는 곳을 수소문해서 찾아왔다. 덕이 병실에 들어왔을 때 분위기가 순식간에 변했다. 나는 더 이상 두렵지 않았다.

하나님은 어떤 사람에게는 다른 사람을 웃게 만드는 은사를 주신다. 덕은 그런 은사를 지니고 있었다. 덕을 만나는 사람들은 어디에서든지 즐거워했고 편안함을 느꼈다. 덕과 내가 큰소리로 웃던 것이 얼마 전 일이었다.

덕은 이야기도 재미있게 한다. 한번은 덕이 사업가들에게 교회 건축 부지를 보여준 일에 대해 이야기한 적이 있었다. 덕은 신실하게 보이려고 그곳에서 기도하기 위해 멈췄다. 그런데 불행히도 덕은 모래 구덩이 한가운데 선 것이었다. 그는 순식간에 겨드랑이 부분까지 빠져버렸다. 사업가들은 인간띠를 만들어 덕을 끄집어냈다. 그 일은 체면 구기는 일이었지만 위트 있는 덕에게 있을 법한 일이었다. 그 사건을 이야기하면서 너무 크게 웃어서 간호사가 두 번이나 우리에게 경고를 주었다. 덕과 2시간 동안 함께한 후 나는 한 주간 동안 최상의 컨디션을 유지했다.

다음 날 밤, 친구 존이 찾아왔다. 존은 인도 마드라스에서 온 목사로 인도 중부에 교회를 개척하고 있었다. 내가 사고 당하기 전에 존과 존의 아내는 우리를 방문하러 신시내티에 왔다. 나는 몇 달 전만 해도 건강한 모습으로 사람들을 만났다. 존은 덕처럼 재미있는 친구는 아니었지만 다른 사람을 격려하는 타고난 능력이 있었고 환자에 대한 배려가 뛰어났다. 존은 나를 보기 위해 지구의 반을 돌아왔다고 말했다.

존과 나는 그날 저녁 긴 시간 대화를 나누었다. 그 다음날 아침 존은 다시 와서 물리치료 받는 것을 함께해 주었다. 다시 걷기 위해 노력하는 것이 굉장히 고통스러웠지만 우리는 끝까지 웃음을 잃지 않고 의미 있는 시간을 보냈다.

존이 떠났을 때, 나는 말로 표현할 수 없는 용기를 얻었고 우울증도 사라졌다.

감사와 겸손의 축제

우리가 속도를 늦추면 다른 사람과 보조를 맞출 수 있다. 나는 이 진리를 배우기 위해 병원에서 죽을 고비를 두 번이나 넘겼다. 나는 지금도 천천히 가는 거북이가 되라는 것을 잊지 않고 있다. 그 일은 점점 익숙해져서 나는 우리 집 앞에 개들이 실례한 것에 대해 아무렇지 않게 생각하게 되었다.

성경은 우리가 누군가에게 화가 났거나, 누군가가 우리에게 잘못된 것을 지적하면 그 사람에게 빨리 가서 문제를 해결해야 한다고 말한다. 예수님은 그 일에 있어서 매우 분명하게 말씀하셨다. "먼저 가서 형제와 화목하고 그 후에 와서 예물을 드리라."[3] 나는 그동안 내가 한 말과 행동에 대해 많은 사람들이 화가 나 있을 거라는 생각에 두려웠다. 물론 나는 내가 무슨 말을 했고 무슨 행동을 했는지 모든 것을 정확하게 기억하지 못한다. 그것을 어떻게 다 기억하겠는가! 나는 뒤도 돌아보지 않고 전진했기 때문에 사람들의 마음을 돌아볼 겨를이 없었다.

내가 속도를 늦추면 다른 사람들이 그동안 내가 했던 행동 때문에 불만을 토로하거나 질책할까봐 두려웠다. 그러나 다른 사람들과 보조를 맞출 수 있었을 때 사람들의 반응은 대단히 긍정적이었다. 사람들은 내가 한 일에 대해 진심으로 고마워하고 있었다. 뒤돌아보면 나는 쓸데없는 두려움을 갖고 있었다. 나는 사람들이 나에 대한 불만으로 가득 차 있을 거라고 생각했었다. 그러나 사람들은 나를 섬기면서 감사하고 있었다. 그것은 감사의 축제였으며 나를 겸손하게 하는 것이었다.

이솝은 한 소년에 대한 이야기를 기록했다. 그 이야기는 나를 두고 하는 말 같았다. 그 소년은 헤이즐넛 쿠키를 빨리 꺼내먹으려 고민하는 중이었다. 이야기는 다음과 같다.

한 소년이 헤이즐넛 쿠키가 든 병에 손을 넣었다. 소년은 손에 쥘 수 있는 만큼 쿠키를 움켜쥐었다. 그리고 손을 빼려고 했다. 그러나 쿠키가 든 병의 입구가 너무 좁아서 손을 뺄 수 없었다. 소년은 헤이즐넛 쿠키가 너무 먹고 싶었다. 그런데 손을 빼지 못하자 울음을 터뜨렸다. 지나가던 아이가 그 소년을 보게 되었다. 그 아이는 소년에게 친절하게 제안했다.
"헤이즐넛 쿠키를 조금만 잡으면 손을 빼기 쉬울 거야."[4]

그렇다. 이미 나는 메시지를 받았다.

각주

1. 이솝, '거북이와 토끼' 각색본
2. 존 우든(John Wooden), *Coach Wooden's Pyramid of Success*(Ventura,CA: Regal Books,2005), pp.134-135.
3. 마태복음 5:24
4. 이솝, '소년과 헤이즐넛' 각색본

제5장 _ 정상적으로 되기 위해 죽다

나는 야구광은 아니다. 그러나 베리 본즈가 누구인지는 알고 있다. 700회 홈런을 기록하면서 메이저 리그 홈런 역대 3위를 기록한 베리 본즈 선수는 심한 부상을 당했지만, 행크 애런(755개 홈런으로 메이저 리그 홈런 역대 1위의 기록을 보유한 선수)의 기록에 도전하기 위해 노력했다.

의심할 여지 없이 야망을 위해 앞만 보고 달리는 토끼였던 본즈는 2005년에 큰 좌절을 맛보았다. 몇 번의 부상으로 본즈는 대부분의 경기를 선수 대기석에서 지켜보고만 있어야 했다. 마지막 시즌이 되었을 때 본즈가 속해 있던 샌프란시스코 자이언트는 우승하기 위해 고전하고 있었다. 본즈는 예전에 자기가 항상 있었던 그 위치에 서고 싶은 충동을 억제할 수 없어서 라인업(야구에서 출전 선수의 타격 순서나 수비 위치-편집자 주)에 들어갔을 것이다. 누가 본즈를 흉보겠는가? 나는 그런 감정을 알기 때문에 비난할 수 없다.

나는 사고 후 7주가 지나고 병원을 세 번이나 옮긴 후에야 집으로 돌아왔다. 집에 오니 이상하기도 했고 좋기도 했다. 아내는 걱정을 덜게 되었다. 나는 옷장에 걸린 옷을 다시 입게 되었고 아내는 식이요법을 포함해서 통원 치료하는 것을 도와주었다.

두 달이 지나자 나는 다시 설교를 해야겠다는 생각이 들었다. 나는 부활절 아침에 다시 설교를 하기로 했다.

공설 운동장에서

신시내티 빈야드공동체교회인 우리 교회는 그 당시 550명 정도 수용할 수 있는 곳에서 예배를 드렸다. 정기적으로 4천 명 이상 참석하는 인원을 수용하기 위해 교회는 7부 예배를 드려야 했다. 우리 교회는 내가 복귀한 기념으로 그 도시에서 가장 큰 장소에서 부활절 예배를 드리기로 했다.

그곳은 카우보이 축제, 대형 가수 공연, 전문 하키 경기, 대통령 후보 연설회 등이 열리는 신시내티 공설 운동장으로 큰 행사들 때문에 심각한 교통체증이 생기는 곳이었다. 엘비스 프레슬리, 마돈나, 그레이트풀 데드가 모두 그곳에서 공연했다.

나는 활발하고 긍정적인 사람인 존 에드가와 차를 타고 공설 운동장으로 향했다. 여유있게 출발했지만 얼마 지나지 않아 조금씩 차가 밀리기 시작했다. 나는 새벽부터 차가 막히는 것이 신기했다.

"우리가 공설 운동장에서 예배 드리는 날 이렇게 막히다니… 또 무슨 행사가 있나?"

그런데 운동장에 가까워질수록 그 모든 차들이 공설 운동장으로 향하고 있는 차들임을 알게 되었다. 나는 겸허한 마음이 들었다(그런 느낌은 그 이후에도 자주 경험했지만 아직도 그런 느낌에 익숙하지는 않다).

존은 되도록 운동장에 가깝게 주차한 후 우리를 안내했다. 예배가 시작되기 전에 나는 주위를 둘러보았다. 운동장에는 열기가 가득했다. 그 운동장은 꽉 차 있었다. 주일날 정기적으로 참석히는 사람의 두 배인 8천여 명이 참석했다.

대부분의 프로그램은 찬양과 기도와 다른 목사님들의 설교로 이어졌다. 나는 예배 끝부분에서 짧은 인사말을 하게 되어 있었다. 나는 어떤 말을 해야 할지 잘 몰랐다. 그때의 내 모습은 과거와 달랐다. 나는 너무 연약해서 지팡이에 몸을 기대야만 했다. 지팡이가 없으면 금방 쓰러질 것 같았다. 단상을 향해 나아갈 때 사람들은 기립 박수를 보냈다. 기립 박수는 2분 이상 지속되었다. 나는 뜻밖의 상황에 당황했다. 나는 그동안 내가 얼마나 사랑을 받고 있었는지 알지 못했다.

부활절 예배 후에 《신시내티 인콰이어러》 잡지 기자가 다가왔다.

"예배 내내 정말 좋았습니다. 빈야드공동체교회가 부활절에 공설 운동장을 채운 사실에 대해 표지 기사를 써야 하는데 무슨 질문을 해야 할지 생각이 잘 안 납니다. 저는 완전히 압도당했습니다. 목사님이 다시 신시내티에서 목회할 수 있게 되셔서 고맙다고 말씀드리고 싶습니다."

나는 어떤 공로도 내세울 것이 없다. 하나님의 놀라운 임재를 경험하면 누구나 잠잠히 말할 것이다.

"하나님이십니다!"

부활절 예배 모습

휠체어 비디오

퇴원한 이후 나는 휠체어를 타고 다녔다. 몇몇 사람들을 만나야 했고 교회를 복귀하는 결정에 맞춰 계획을 세워야 했다(그때는 부활주일 2주 전이었다). 그러나 나는 곧 내가 예배 시간에 설교할 힘이 없다는 것을 알게 되었다. 어떻게 하면 잘 해낼 수 있을까?

그래서 우리 교회 교역자들과 나는 비디오를 촬영하기로 했다. 휠체어를 탄 내 모습을 촬영하는 것이다. 비디오는 코믹하게 만들기로 했다. 나는 망가지는 것을 개의치 않았다. 유명해진 휠체어 비디오는 그렇게 태어났다. 우리는 내가 돌아온 첫 주에 모든 예배에서 그 비디오를 보여 주었다.

비디오 내용은 다음과 같다. 어두운 첫 장면이 열리면 부목사인 데이브 워크맨이 교회 옆문을 열고 뛰어나가며 말한다.

"스티브 목사님을 찾아야 돼, 목사님! 아마 집에 계실 거야!"

그 다음 장면에 부목사가 우리 집 앞마당으로 뛰어 들어와서는 현관문을 지나 집안으로 걸어 들어온다. 부목사는 나를 부른다. 나는 아래층에서 TV를 보고 있다.

"목사님, 뭐하고 계세요?"

부목사는 묻는다.

"영화 '멋진 인생'을 87번째 보고 있는 걸세!"

나는 무덤덤하게 말한다.

"이 부분이 내가 제일 좋아하는 장면이지!"

영화에는 포터와 조지 베일리가 등장한다. 포터가 말한다.

"왜 그런지 당신은 살아 있을 때보다 죽어서 더 진가를 발하는군"(나는 이 대사를 좋아한다)

부목사는 별로 공감하지 못한다.

"우리는 목사님을 빈야드공동체교회로 모셔야 합니다. 오늘이 다시 설교하시는 첫 번째 주입니다. 설교하셔야 합니다."

다음 장면에서 우리 둘은 위층에 올라와 있다. 나는 휠체어를 타고 있다.

"휠체어를 타려면 이런 것이 필요하실 겁니다."

부목사는 얼굴을 다 가릴 수 있는 챙이 달린 오토바이 헬멧을 건네 주며 말한다.

"이제 갑니다. 최근까지 힘든 물리치료를 받으셨으니 특별한 휴식을 취할 수 있도록 목사님을 교회까지 특별히 모시겠습니다."

"빨리 가세!"

나는 기분이 들떠서 말했다.

그 다음 장면에서 비디오 제작자는 헬멧을 씌운 마네킹으로 나를 대신하게 했다. 마네킹은 휠체어에 앉아 트럭 뒤에 연결된 줄을 잡고 있었다.

"빨리 가세!"

이 말은 내 목소리로 녹음했다. 트럭 운전자가 급정거를 하자 마네킹은 휠체어에서 튕겨 나와 바닥에 떨어졌다. 그러나 여전히 줄을 잡고 있다(우리가 1부 예배에서 그 비디오를 상영했을 때 사람들은 웃어야 할지 말아야 할지 잘 모르는 것 같았다. 그 장면은 우스웠지만 편한 마음으로 볼 수 있는 것은 아니었다).

"빨리 가세!"

나는 말했다.

"더 빠르게!"

트럭 기사는 내 말을 잘못 알아듣고는 후진을 했다. 그래서 마네킹과 휠체어는 여기저기로 날아가 버렸다(이번에도 사람들은 웃어야 할지 말아야 할지 잘 몰랐다. 소수의 사람들이 킥킥거렸다. 나는 그런 걸 좋아한다. 내 삶의 신조는 나를 보고 내가 먼저 웃자는 것이다).

그 다음 장면은 부목사가 마네킹을 9미터나 되는 흔들다리 위로 옮기는 장면이다.

"번지 점프를 하시면 어떨까요?"

부목사는 고리가 달린 여러 개의 점프선을 휠체어에 연

결시켰다. 그리고 나서 부목사는 다리와 연결된 점프선을 풀어버렸다.

"뛰어 내리세요!"

점프선을 풀어놓자마자 휠체어는 냇가를 향해 힘차게 수직으로 떨어졌다. 다리 장면이 끝난 후 '나는 쓰러졌지만 다시 일어나'라는 노래가 연주되면서 모든 장면이 빨리 반복되었다.

다리 장면은 우스워 견딜 수 없게 만드는 코미디였다. 이제 대부분의 사람들은 그것이 개그였으며 심각한 내 상태를 희극화한 것임을 알게 되었다. 사람들은 그제야 웃을 수 있었다(나는 성도 중에 휠체어를 탄 사람이 있을까 염려되어 먼저 비디오의 컨셉을 설명했다).

비디오 제작자에 대한 박수가 멈추고 불이 켜지자 부목사가 갑자기 옆문에서 내가 탄 휠체어를 밀고 뛰어 들어왔다. 모두가 일어나서 환호성을 지르며 휘파람을 불기도 했다. 어떤 사람은 발을 구르기도 했다. 또 어떤 사람들은 빅 라이터를 켜기도 했다. 꼭 정신병원 같았다. 나는 이상하기도 했고 황송하기도 했다.

지금 그 비디오를 보면 웃어야 할지 울어야 할지 잘 모르겠다. 나는 사고의 좌절감을 날려 버리기 위해서 그 비디오를 만든 것이다. 이제 솔직해질 수 있게 되었다. 나는 교회로 돌아갈 수 있게 되어 기뻤다. 그러나 사람들이 현재 내가 있기까지 겪은 일을 모두 이해하고 있는지는 모르겠다. 나는 교회 성도들의 승인을 구하고 있었거나 일종의 영웅이 되기 원했던 것 같다. 어쩌면 필사적으로 성도들로부터 힘을 끌어내려 했을 수도 있다. 사실, 나는 우레와 같은 환영을 받은 것이 대단히 기뻤다.

달라진 일상생활

내가 다시 교회에 나간 첫 주에 웃지 못할 일이 벌어졌다. 마이크를 잡고 말하기 시작하면서 나는 휠체어를 잘 잡고 있어야 한다는 것을 잊어버렸다. 갑자기 앞바퀴가 무대를 약간 벗어나서 휠체어가 떨어질 뻔했다. 나는 급하게 브레이크를 잡았고 가까스로 위기를 모면했다.

나는 교회에 다시 돌아갈 수 있게 된 것이 매우 기뻐서 되도록 여러 번 예배를 드렸다. 하지만 그러고 나면 체력이 소진되어 한 주 내내 쉬어야 했다. 얼마나 내가 약해졌는지 모른다. 지금 생각하면 너무 일찍 복귀했던 것 같다.

나는 평범하고 정상적인 모습으로 돌아가고 싶었다. 옛날처럼 모든 것이 순조롭길 원했다. 그러나 과거와는 달리 어떤 것도 마음대로 할 수 없었다. 사고 이전에 나는 항상 체육관에 갔다. 나는 하루에 몇 백 번씩 윗몸일으키기를 할 수 있을 만큼 아주 건강했다. 나는 교회 단상에 뛰어오르기도 했다. 어떤 때는 계단을 한 번에 4개씩 올라가기도 했다. 그러나 이제 나는 다리를 절고 있다. 단상에 올라가려면 내 주먹과 엉덩이에 힘을 주고 지팡이를 짚어서 걸음마 하듯 올라가야 한다.

평범하게 되기를 원했지만 나는 현실을 무시할 수 없었다. 나는 매주 조금씩밖에 일할 수 없었다. 아무리 애써도 한 주에 30시간 이상 일할 수 없다. 이 시간은 토끼 시절에 일했던 것의 반밖에 안 되는 시간이다.

나는 의사들과 물리치료사들에게 내가 언제쯤 다시 건강해질 수 있는지 여러 번 질문했다. 의사들은 항상 똑같은 대답만 했다. 바닥을 내려다보며 잠시 말을 멈추고는 미래를 예언하는 것이 얼마나 어려운 것인가에 대해 머뭇거리며 대답하곤 했다. 의사들은 내가 얼마나 회복될지 모른다고 말했다. 의사들은 내가 목발이나 보행 보조기에라도 의지해서 걸으려면 여러 달 걸린다는 것을 알고 있었다. 그러나 내가 정상적으로 걸을 수 있을지에 대해서는 확신이 없었다. 걷게 되더라도 절뚝거리게 될 것이라고 말했다. 의사들은 앞으로 얼마나 심한 마비가 올지, 그렇지 않을지에 대해서도 예측할 수 없었다. 의사들의 대답은 모두 절망적이었다.

한 가지는 확실했다. 내 삶이 전과 같지 않을 것이라는 점이다. 이렇듯 내 일상생활은 새롭게 달라졌다.

충분하지 않은 것에 대한 두려움

사고 전에 우리 가족은 항상 풍성했다. 부자가 아니어서 최신품을 살 형편이 안 될 때도 있었지만 우리는 항상 쉴 집이 있었고 음식과 옷이 있었다. 우리는 최소한 빚지고 살지는 않았다. 그러나 내 건강이 악화되자 즉시 경제적 압박이 찾아왔다.

집에 도착하니 사고를 냈던 병원의 고지서가 와 있었다. 쌀쌀한 문구들이 가득 차 있었다. 병원 사무처는 3일간의 입원비를 지불하지 못한 데 대해 경고하고 있었다. 그러나 그 고지서의 내용에는 오류가 있다는 것이 후에 밝혀졌다. 그 사건 이후 나는 현실 속으로 돌아오게 되었다. 나는 우리 가정의 경제를 파산시킬 만한 병원 고지서들을 계속 받게 될 것이라는 사실을 깨달았다.

나는 미래를 두려워하는 사람은 아니었다. 나는 사람들에게 미래는 두려워할 것이 아니라 도전해야 하는 것이라고 수없이 가르치고 상담했었다. 그런데 이제 내가 두렵고 불확실한 미래를 맞게 된 것이다.

    그동안 나는 목회하면서 사례비를 많이 요구한 적이 없었다. 교회의 우선권은 지역사회를 전도하는 것이며 궁핍한 자를 돌보는 것이었으므로 교회 직원들의 월급도 많지 않았다. 나는 수련회나 세미나 강사비로 수입을 채우기도 했다. 그러나 이제 강사비가 끊어졌으며(최소한 현재는), 병원비 고지서 액수는 내 혈압이 올라가는 것보다 더 빨리 올라가고 있었다. 결혼 이후로 처음 빚을 지게 될까 봐 두려웠다.

    우리 가족은 내가 더 이상 쓸모없는 존재라는 주장을 하는 사람들이 교회 내에 있다는 것을 두려워했다. 그 사람들은 내가 이제 못쓰게 되어 다른 사람으로 대체해야 한다고 생각했다. 나는 마치 폐차해야 할 자동차 같아서 이제 새 모델로 바꿀 때라는 것이다. 그들은 종종 큰 목소리로 나에 대한 불만을 토로했다.

사고 후 첫 예배 모습

두려움이 올 때

아내와 나는 경제적인 압박에 대한 두려움을 직면해야 했다. 우리 모두는 이러한 두려움에 대해 여러 가지 방법으로 싸우고 있다. 우리는 돈과 시간, 친구, 사랑, 기회 등이 충분하지 않은 것을 염려한다. 여러 문화권을 여행하면서 여러 나라의 사람들을 만나보면 그것이 얼마나 영적이고 성숙한가에 관계없이 누구나 직면하게 되는 우주적인 두려움인 것을 느끼게 된다.

여기에서 두려움에 대한 긴 설명을 하지는 않겠다. 그러나 나와 아내가 우리의 재정에 관해 어떻게 대처했는지 짧게 이야기하고 싶다. 내가 이미 언급했듯이 교회에는 내가 사임해야 한다고 생각하는 사람들이 있었다. 그러나 다행히 교회리더들의 견해는 달랐다. 교회 리더들은 우리 가족의 재정적 필요를 채워주기 위해 사례비를 올려 주었고 고지서를 지불해 주기도 했다. 그러나 그 일은 내가 익숙하지 않은 도움을 청한 후였다.

예수님은 "너희가 얻지 못함은 구하지 아니하기 때문이요"[1] 라고 말씀하셨다. 나는 필요한 것을 공급해 달라고 먼저 하나님께 간구할 필요가 있음을 느꼈다. 하나님이 공급하시는 것은 인간이 공급하는 것과 달랐다. 우리는 충분하지 못한 것에 대해 염려한다. 그러나 하나님의 경제에서는 모든 것이 풍부하다. 우리는 필요를 간신히 채우는 아슬아슬한 고비에 대해 생각한다. 그러나 하나님은 전적으로 풍성하게 채우신다. 간단히 말해서 하나님은 우리가 생각한 것보다 더 넘치게 주신다. 하나님은 놀라우신 분이다.

아내와 나는 부족한 재정에 대한 두려움을 없애는 길은 오히려 우리 재정의 많은 부분을 드리는 것이라고 믿었다. 우리는 항상 그렇게 살았으며 사고 후에 재정이 부족할 때에도 그렇게 생활했다. 우리는 꽤 많은 돈을 구제에 사용했다. 그것은 우리의 믿음에 시동을 거는 것이었다. 하나님은 나머지 일을 해결해 주셨다. 교회에서 도와준 것 외에 나는 몇 군데에서 강사비를 받을 수 있었고 출판사에서 원고를 받아주기로 했다.

우리는 충분하지 않다고 생각할 때 더 많은 것을 주어야 한다. 나는 이것이 두려움을 맞이하는 열쇠라고 믿는다. 예를 들어 당신이 시간이 없다고 생각할 때 있는 시간을 쪼개어 자원봉사를 해 보라. 가난한 사람들을 섬기라고 제안하고 싶다. 비영리 기관을 찾아서 정기적으로(매주 하면 더 좋다) 섬겨 보라. 돈이 충분하지 않은 것이 두렵다면 필요한 사람에게 돈을 주라. 도움이 필요한 과부나 고아, 집 없는 사람을 찾으라. 우리가 갖고 있는 작은 것을 나누어 주는 것은 하나님이 우리에게 요구하시는 믿음이며 하나님이 우리의 상황에 놀라운 방법으로 개입하는 길을 열어드리는 것이다. 그것이 하나님의 경제 법칙이다.

하나님은 우리의 필요를 채우기 위해 다른 사람을 사용하신다. 하나님은 때때로 우리 안에 다른 사람을 돕고 싶어 하는 마음을 주신다. 우리의 필요를 다른 사람에게 말하는 것이 비참하게 느껴질지도 모른다. 그러나 내 경험에 비춰 보면 일반적으로 사람들은 도움을 청하는 사람들에게 관대하다. 사람들은 진정으로 어려움에 처한 사람을 돕기 원한다. 사람들은 동료를 돕고 싶어 한다. 두려움에 대한 답은 믿음으로 걸어 가라는 것이다. 그것은 오래된 원리였지만 내 새로운 평범함의 가장 중요한 원리가 되었다.

쓰레기 더미를 찾는 모험

점차 몸이 회복되면서 조금씩 움직일 수 있게 되자 해야 할 일이 눈에 보였다. 잡지를 보거나 텔레비전을 보거나 라디오를 들을 때면 **종종** 쓰레기 더미를 뒤져서 먹고 사는 멕시코 사람들에 관한 이야기를 듣게 된다. 나는 그 사람들을 돕기 위해 그곳에 가야한다는 강한 확신이 들었다.

어느 날 나는 모험심이 강한 친구를 불러서 내 생각을 이야기했다. 그 친구는 자기도 함께 하고 싶다고 말했다. 우리는 즉시 몇 주 후로 여행 날짜를 잡았다. 그리고 각자 친구 한 명씩 데리고 왔다.

우리 중에는 스페인어를 할 줄 아는 사람이 없었다. 멕시코시티에 아는 사람도 없었고 쓰레기 더미를 찾으려면 어디로 가야하는지도 몰랐다. 그런데 여행을 떠나기 일주일 전에 모르는 사람으로부터 이메일을 받았다. 그 메일은 짧았지만 많은 정보를 담고 있었다. 그 메일에는 '당신이 멕시코시티에 가길 원하신다면 ○○와 연락해 보세요.' 라고 적혀 있었다.

그 사람은 스페인어를 잘하는 사람을 소개해 주었다. 마치 땅에 떨어뜨려 놓은 빵 조각을 좇아가는 것 같다는 생각이 들었다. 나는 멕시코시티에 있는 사람과 연락해서 우리의 계획을 밝혔다. 그 사람에게 우리를 쓰레기 더미로 안내해 줄 수 있는지 물어보았다. 그 사람은 자기도 그곳에 가고 싶었지만 갈 용기가 없었다고 말하면서 이번 기회에 가봐야겠다고 했다.

나는 삶을 항상 이론적으로 접근하는 것을 경멸하고 즉시 행동으로 옮기는 경향이 있었다. '준비, 조준, 발사!' 가 내 행동 양식이었다. 어떤 사람은 그것을 맹목적인 믿음이라고 말할 것이다. 그러나 하나님이 공급하실 수 있도록 나 자신을 준비하면 하나님은 반드시 그렇게 하신다. 나는 무책임해도 된다는 말을 하는 것이 아니다. 다만 우리는 기꺼이 모험을 해야 한다는 것이다. 때때로 그것은 현지 언어도 모르고 명확한 일정도 없이 수천 킬로미터를 여행하는 것일 수도 있다.

그에 대한 다른 예를 들어보겠다. 내가 대학을 갓 졸업했을 때 우리 가족은(그때는 아내와 5개월 된 레베카가 있었다) UCLA 근처의 큰 교회에서 사역하기 위해 중서부에서 로스앤젤레스로 이사를 갔다. 우리는 2천 킬로미터나 되는 길을 가야했다. 우리는 이사하는 도중에 몇 번이고 자동차를 수리해야 했다. 그 일은 몹시 짜증나는 일이었다. 아내는 불안해했다. 그러나 나는 그것이 모험이라고 생각했다. 내 생각은 맞았지만 나는 너무 철이 없었다. 다행히 하나님은 철없는 나와 함께 하셨다.

도시를 떠나기 바로 전에 우리가 아는 친절한 부부가 봉투 하나를 건네주었다. 그 부부는 봉투 안에 있는 것이 우리 삶을 위한 선물이라고 말했다. 그것은 흥미로운 사건이었다. 그러나 우리는 그 부부가 말하는 것이 무엇인지 완전히 이해하지 못했다. 우리는 그 봉투 안에 돈이 들어있는지 전혀 몰랐다. 봉투 안에는 1천 달러(100만원 정도) 정도가 들어 있었다. 아내와 나는 매우 놀랐다. 우리는 그때까지 그렇게 많은 돈을 가져 본 적이 없었다. 그 당시 나는 삶을 유지하기 위해 변변치 않은 세 가지 아르바이트를 하고 있었다. 우리는 얼굴에 미소를 가득 담은 채 그 도시를 떠났다.

우리는 소유하고 있던 모든 물건을 자동차에 실었다. 첫날 우리는 별 문제 없이 몇 백 킬로미터를 달렸다. 그런데 둘째 날, 엔진이 문제를 일으키고 냉각기가 파열되었다. 나는 기계를 만질 줄 몰랐다. 그러나 냉각기에서 나온 액체가 엔진으로 흐르고 있다는 것을 알 수 있었다. 나는 어떤 튜브에 문제가 생겼는지 살펴보고 그것을 다시 맞추었다. 그리고 신선한 냉각수를 부었다. 그러자 놀랍게도 엔진이 정상으로 작동되었다. 우리는 약간의 염려와 함께 기도를 드리고 다시 길을 떠났다.

그날 밤 우리는 애리조나 산을 통과했다. 그곳에는 폭설이 내리고 있었다. 그러나 변속기가 멈추는 바람에 우리는 길에서 꼼짝 못하게 되었다. 자정이 다 되도록 우리는 우스운 모습으로 지나가는 차를 불러 세웠다. 나는 '도와주세요!'라고 쓴 작은 표지판을 들고 서 있었다. 마침내 우리 차를 점검해 줄 사람을 만나게 되었다. 다행히 심각한 문제는 아니었다. 그러나 남쪽으로 몇 백 킬로미터나 떨어진 포이닉스에서 가져와야 하는 특별한 부품이 필요했다.

우리는 부품이 도착할 때까지 일정을 미루고 주변에 있는 작은 도시에 머물렀다. 아내는 그때 사용했던 자동차를 생각조차 하기 싫어한다. 아내는 로스앤젤레스에 도착하면 그 자동차를 없애자고 말했다. 아니 명령했다. 아내는 기도하기를 좋아했다. 그러나 자동차에 탈 때마다 목적지까지 한 번에 도착하게 해달라고 기도하는 것은 좀 우스운 일이다.

남부 캘리포니아에 도착했을 때 우리는 돈을 거의 다 써 버린 상태였다. 우리에게는 100달러도 채 남아 있지 않았다. 내가 말했듯이 우리는 젊고 철이 없었다. 그러나 하나님께서 채워주셨다.

이 이야기를 꺼낸 이유는 몇 년 후 내가 '준비, 조준, 발사!'와 같은 정신으로 멕시코에 갔다는 것을 말하기 위해서다. 그러나 그때는 하나님이 공급하신 충분한 돈과 안내해 줄 사람까지 있었다. 얼마나 큰 모험인가! 쓰레기 더미에서 사는 사람들은 놀라움 자체였다. 그 사람들을 돕기 위해 그런 모험을 하는 것은 즉흥적이었지만 내게는 새로운 평범함에 도달하기 위한 중요한 발걸음이었다. 나는 휠체어를 탄 나이 든 사람이었다. 그 여행에서 가장 성공적이었던 것은 내가 아프지 않았다는 것이다(사고 후 나는 다른 사람이 아프지 않을 때도 항상 아픈 사람이었다).

지금 생각하면 내가 또 다시 그런 일을 할 배짱이 있는지 의문이다. 아는 사람도 없고 현지 언어도 모르는 채 멕시코 시티 교외의 쓰레기 더미에 가야 한다는 확신만이 있었던 것이다.

각주

1. 야고보서 4:2

제6장 _ 포기하기 위해 죽다

　　　　　　　오늘은 화창한 가을날이다. 예년과 달리 따뜻하다. 소풍을 가기에는 더없이 좋은 날이다. 지저귀는 새들은 나뭇가지에 앉아 있고 어린아이들은 신시내티 시내 에덴 공원에서 간식을 먹고 있다. 그 공원의 수도는 고장 나지 않고 물이 잘 나왔다. 그것은 뭔가 막힘없이 일이 진행될 것 같은 예감을 주었다.

오늘밤 노동절을 기념한 불꽃 축제가 열리면 젊은이들과 나이든 사람들 모두 환호성을 지를 것이다. 그러나 허리케인 카타리나의 참혹한 재앙은 노동절의 축제 분위기를 깨 버렸다. 나는 참사로 인해 불안해 하는 사람들과 아이들의 눈에 어린 고통을 느낄 수 있었다.

여러 해 동안 나는 갑작스러운 비극을 당했거나 깊은 슬픔을 경험한 사람들과 함께 했다. 나는 강간당한 사람의 아픈 이야기를 들었으며 실직한 사람의 이야기도 들었다. 나는 술 취한 운전자가 낸 사고로 자녀를 잃은 부모의 이야기를 들었으며, 언니가 자살한 사람의 이야기도 들었다. 슬픔에 찬 사람들의 명단은 끝이 없었다. 나는 사람들의 이야기를 듣고 기도해 주었으며 무슨 말을 해야 할지 모를 때는 사람들의 손을 잡아주기도 했다.

누군가가 상실감을 느낄 때 나는 그가 현실을 이길 수 있도록 도와주려고 한다. 슬픔에 찌든 사람은 특별한 회복의 단계를 거쳐야 한다. 살면서 나도 좌절했던 적이 있었지만 사고를 당하기 전까지는 스스로 슬픔의 길을 가본 적은 없었다. 내가 죽던 날 새들은 지저귀고 있었다. 분명 그랬다.

예전의 나, 새로운 나

하나님께서 내게 '모든 것이 잘 될 것이다' 라고 말씀하셨을 때 나는 그 말씀이 내가 그날 수술에서 살아날 것을 의미한다고 생각했다. 후에 나는 하나님이 말씀하신 것이

육체적으로 호된 시련을 겪지만 그것을 잘 견뎌낼 것이라는 의미였음을 알게 되었다. 또 그것은 내가 변화된 환경에서도 잘 생활할 수 있을 뿐만 아니라 번창할 것을 의미했음을 이해하게 되었다. 어떻게 내가 잘 살 수 있을 뿐만 아니라 더 번창한단 말인가? 하나님은 내 배에 아물지 않은 50센티의 칼자국이 있는 것을 모르신단 말인가? 하나님은 내가 지팡이에 기대지 않고는 걸을 수 없다는 것을 알지 못하시는가?

'아, 내가 살아났다니!' 하는 감탄은 '이제 어떻게 살아갈 것인가' 하는 염려로 바뀌게 되었다. 하나님은 모든 것이 잘될 거라고 말씀하셨다. 그러나 모든 것이 잘되기까지는 가야 할 길이 너무 멀었다. 나는 하나님의 말씀을 들었으나 하나님이 얼마나 심오한 곳으로 나를 인도하실지 완전히 이해하지 못했다. 너무 힘든 길이었다.

다시, 내가 앞서고 있다. 이야기가 회복 단계로 넘어가기 전에 잠시 병원 입원실에 다시 들려보자. 내가 두 번째 병원에 있을 때 앞으로 얼마나 어려운 현실에 처하게 될지에 대한 첫 번째 암시를 느낄 수 있었다. 2주 후에 나는 상태가 호전되어 중환자실에서 개인 병실로 옮기게 되었다. 그러나 크리스마스이브, 그 병실에서 나는 내 상태에 대한 좋지 않은 소식을 듣게 되었다.

내 상태를 체크하던 간호사가 나를 침대 가장자리로 옮겨서 몸무게를 기록하려고 했다. 그때 나는 대퇴부 근육에 힘이 빠져서 그릇에 걸쳐진 국수 가락처럼 스르륵 바닥에 주저앉고 말았다. 의사들은 검사 후에 다리의 신경이 손상되었다고 말했다. 나는 물리치료를 받아야 했다. 새해 첫날 나는 세 번째 병원, 앞에서 이야기한 그 무서운 병원으로 옮겨졌다. 3주 동안 휠체어와 목발을 사용하는 법을 배운 후 나는 집에서 통원치료를 하게 되었다. 그러나 그때부터 진정한 치유가 시작되었다.

슬픔의 단계

내가 삶에 닥친 현실과 새로운 생활을 받아들인 것은 여러 달 후였다. 그동안 나는 예측할 수 있는 몇 단계를 통과했다. 내가 말한 대로 슬픔을 겪은 사람들은 여러 단계의 회복기를 거쳐야 한다. 『죽음의 시간』에서 심리학자 엘리자베스 큐블러 로스는 슬픔의 단계를 부인, 분노, 거래, 우울, 마지막으로 수용의 단계로 말한다.[1]

나는 큐블러 로스의 슬픔의 단계를 잘 알고 있었지만 내가 그것을 겪게 되리라고는 생각해 본 적이 없었다. 큐블러 로스는 그 단계를 죽음과 죽어가는 단계에 적용했지만 그것은 내가 겪고 있는 상실의 과정에도 적용할 수 있었다. 사실, 일부 상담자들은 큐블러 로스의 이론은 원래 마음에 파국적인 변화를 맞은 사람들을 위해 만들어진 것이라고 말한다. 회복과 재활의 첫 해에 나는 각 단계를 하나하나 통과하고 있었다.

1단계: 부인

첫 번째 단계로, 나는 상황이 변했다는 것을 믿지 않았고 부인했다. '이것은 무릎 수술처럼 간단한 일이었어. 곧 모든 것이 정상적으로 돌아올 거야.' 하고 나는 나 자신에게 말했다. 내 상황을 부인한 것은 내 머리에만 머물러 있지 않았다. 나는 그대로 행동했다. 사고 전에 나는 오토바이 두 대를 갖고 있었다. 나는 오토바이를 좋아한다. 넓은 오토바이에 앉아서 얼굴에 바람이 스치는 것을 느끼며 내 밑에서 천둥처럼 엔진소리가 울려댈 때 느끼는 자유로움이 정말 좋다. 그런 느낌은 다른 데서 경험할 수 없는 것이다.

사고 후에는 다리에 아주 작은 무게라도 느껴지면 오토바이가 넘어지곤 했다. 나는 자전거같이 바퀴가 두 개 달린 것을 탈 만한 균형감각을 잃게 된 것이다. 내 생명을 구한 핸토 박사가 내게 경고했다.

"회복된 후에도 오토바이는 절대 타지 마십시오."

핸토 박사는 오토바이를 '장기 기증자 오토바이'라고 불렀다(머리 부상으로 치료받으러 온 사람들은 결국 죽게 되고 자기 몸의 장기들을 기증하는 것으로 끝나기 때문이었다). 나는 너무 약해져서 다시 탈 수 없게 된 오토바이 두 대를 다른 사람들에게 주었다. 그것은 어려운 일이었으나 잘한 일이었다.

나는 다리 교정틀에 적응하게 되었다. 교정틀은 두 다리를 좀 더 안정되게 만들어 주었다. 교정틀을 한 후 얼마 되지 않아 조금은 튼튼해진 다리를 보며 나는 신이 났다. 꿈에 그리던 오토바이를 몰아보고 싶었다. 상점에 진열된 멋진 오토바이에서 눈을 뗄 수 없었다. 상점 주인 눈에는 다리 교정틀을 하고 서 있는 내가 두려움에 찬 사람으로 보였을 것이다. 나는 가까스로 걸을 수 있었지만 상점 주인에게 잠시 시운전을 해 보겠다고 태연하게 말했다.

가게를 떠난 지 60초 정도 되어 도로에 들어섰을 때 나는 큰 실수를 저질렀다는 것을 깨달았다. 신호등에는 빨간 불이 켜져 있었다. 그래서 나는 오토바이를 도로에 안전하게 세우려고 다리를 내렸다. 나는 가까스로 그 비싸고 기묘한 기계를 수직으로 세울 수 있었다. 오토바이가 넘어질까 봐 정말 가슴이 조마조마했다. 만약 넘어졌다면 어떻게 되었을지 아찔했다.

어떻게 해야 그 상점에 오토바이를 안전하게 돌려줄 수 있을 것인가? 나는 재빨리 여러 가지 가능성을 생각해 보았다. 오토바이를 똑바로 세워야 하는 일만 없다면 안전할 것 같았다. 그래서 나는 천천히 오토바이를 몰아서 크게 우회전을 했다. 공포의 순간은 순식간에 지나갔다. 나는 가까스로 상점으로 돌아갈 수 있었다. 상점 주인은 내가 사고를 냈을까 봐 염려하고 있었다.

열쇠를 돌려주면서 나는 떨고 있었다. 나는 상점 주인에게 아직 오토바이를 살 수 있는 상황이 아니어서 좀 더 생각해 보겠다고 말했다. 사실, 사고 싶은 생각은 눈곱만큼도 남아 있지 않았다. 나는 그 사건을 통해 교훈을 얻었다. 그 일은 실제 상황이었다. 나는 평범한 사람이 살 수 있는 삶에 동참할 수 없음을 깨달았다. 오토바이는 더 이상 내 미래에 존재하지 못하게 되었다. 아내는 그 사실을 기뻐했다. 오토바이를 타지 않게 되어 생명보험 보험료가 줄어들었다.

나는 다른 것도 거부했다. 나는 정상으로 돌아가야 한다는 강박관념에 사로잡혀 있었다. 그러나 내 몸은 협조해 주지 않았다.

사고 전 오토바이를 타고 있는 모습

2단계: 분노

치료 과정은 느렸고 결과는 불확실했다. 나는 화가 났다. 하나님에 대해 분노했으며 나 자신과 내 상황에 대해 분노했다. 단순히 화가 난 것이었다.

나는 보통 사람들보다 더 빨리 분노의 버튼을 누르는 경향이 있다. 나는 본래 성격이 급한 사람이었다. 다혈질인 내가 사고 후에 내 상황을 어떻게 받아들였는지를 생각하면 부끄럽기 짝이 없다. 그러나 삶이 뒤죽박죽이 되었을 때 분노하지 않을 사람은 없을 것이다. 마음이 혼란스럽다는 것은 점잖은 표현이다.

나는 예전에 했던 일을 이제 더이상 할 수 없다는 사실에 좌절했다. 나는 '해야 한다'는 생각에 사로잡혀 있었다. 나는 계단을 끝까지 올라갈 수 있어야 한다. 나는 한 주에 100시간씩 일해야 한다. 나는 매일 두 시간씩 진행되는 회의에 여러 번 참석할 수 있어야 한다. 나는 7부 예배까지 설교할 수 있어야 한다. 나는 주일 예배를 마친 후 밤늦게까지 60-70명의 새신자들에게 편지를 쓸 수 있어야 한다. 나는 매일 수십 통씩 전화를 할 수 있어야 한다. 나는 이 모든 것을 할 수 있어야 한다고 느꼈다. 그러나 사고 후의 현실은 아무것도 할 수 없다는 것이었다.

나는 다른 사람들에게 짐이 되고 싶지 않았다. 다른 사람들이 나를 불쌍히 여기는 게 싫었다. 그러나 현실적으로 나는 '해야 한다'는 생각을 버려야 했다. 나는 그와 관련해서 내 삶을 위한 새로운 마음을 갖게 되었다.

"나에게 해야 한다고 말하지 말라."

내가 당한 사고는 병원의 실수로 일어난 것이기 때문에 사람들이 나를 찾아와 격려의 말을 하는 것이 때로는 "네 잘못은 없으니 병원에 분노와 억울함을 지니고 살아라"는 것으로 들리기도 했다. 사람들은 나에게 무슨 말을 하고 있는지 깨닫지 못했다. 사람들은 나를 위로하고 있다고 생각했지만 사실은 나를 끌어내리고 있는 것이었다. 내가 현실을 받아들이고 전진하도록 돕는 대신, 다른 사람들을 원망하고 분노하고 싶은 잠재된 마음을 들끓게 했다. 내편이 되어 나를 도우려고 하는 의도와는 달리 좋지 못한 결과를 가져온 것이다. 그 사람들의 말은 의미 없이 지저귀는 새소리 같았다.

3단계: 거래

나는 의사들을 비난하면서 하나님과 거래를 시작했다. 나는 거래를 하고 싶었다. 그 당시의 내 기도는 다음과 같다.

하나님! 하나님이 저를 과거의 상태로 다시 돌려놓으신다면 저는 변하겠습니다. 제가 평생 신실하게 섬길 하늘의 아버지시여, 당신이 저의 깨어진 몸과 관계와 감정을 회복시켜주신다면 저는 다른 사람들을 더 이상 비난하지 않겠습니다. 그리고 제가 잘못한 사람들에게 용서를 구하기 위해 찾아다니겠습니다.
내 친한 친구 되신 예수님, 저는 주님의 도움이 필요합니다. 주님이 제 다리와 오토바이를 돌려주신다면(하나만 돌려주셔도 됩니다) 저는 더 나은 남편이 되고, 더 나은 아버지가 되고, 더 나은 목사가 되겠습니다. 아멘!

내가 푸념 같은 기도를 늘어놓았을 때 하나님은 아마도 미소를 지으셨을 것이다. 나는 현실 감각과 믿음의 개념을 혼동하고 있었다. 나는 신시내티의 제법 큰 교회의 목사였다.

나는 미숙한 기도를 멈추지 않았다. 어쨌든 내가 하나님을 충분히 신뢰하면 의사가 뭐라고 하든지 좋아질 것이라고 생각했다. 의사가 내 다리나 신경에 대해 절망스러운 말을 하면 나는 그 말을 무시하고 더 하나님께 매달렸다.

사실, 하나님을 신뢰하는 데는 잘못된 것이 없었다. 우리는 하나님을 신뢰해야 한다. 그러나 의사가 말하는 것을 무시하는 것은 현실을 무시하는 것이다. 나는 내가 조작한 좋은 소식을 들으려고 안간힘을 쓴 것이다. 내가 충분한 믿음을 보였다면 하나님은 거래를 끝내고 나를 고쳐 주셔야 한다고 하나님께 주장하고 있었다. 나는 신유 은사를 받은 유명한 사람도 찾아갔다. 하나님과 할 수 있는 거래는 무엇이든지 하려고 했다.

치유되고 싶은 열망 때문에 나는 하나님을 조정하려고 했다. 나는 치유를 선포하기도 했다. 성경에서 치유에 관한 말씀을 찾아 반복하면서 하나님께 당장 치유해 주시기를 기대한다고 간구했다. 나는 내게 없어서는 안 될 목발을 시골길을 달릴 때 차창 밖으로 던져버렸다.

물론 내게는 아무런 신체적 변화도 일어나지 않았다. 그것은 하나님이 일하시는 방법이 아니기 때문이다. 내 마음 깊은 곳에서는 이미 그것을 알고 있었다. 그러나 나는 어떤 일이 일어나기를 간절히 바라고 있었다. 사람들은 간절해지면 이상한 일을 하기 시작한다. 하지만 대부분 자신이 알고 있는 진실한 현실은 부인한다.

마지막으로 나는 그런 접근이 현실적이지 않으며 믿음의 행위도 아님을 깨닫게 되었다. 나는 서서히 하나님의 말씀으로 행하게 되었고 신체의 치유에 관한 균형 있는 가르침을 받아들이게 되었다. 우리는 늘 아픈 사람을 위해 기도해야 한다. 하나님은 아픈 사람을 치유하시기 때문이다. 그러나 우리는 절대 하나님과 거래하려고 해서는 안 된다. 하나님은 가장 위대한 주권자이시기 때문이다.

4단계: 우울

하나님과의 거래에 실패했을 때 나는 우울해지기 시작했다. 나는 두려움을 느끼며 잠에서 깼다. 그런 상황에서 나를 격려하는 사람은 많지 않았다. 죽을 고비를 넘겼고 위험한 순간이 지나갔기 때문에 나를 방문하거나 전화하는 사람은 줄어들게 되었다. 나는 많은 친구들의 관심에서 벗어나고 있었다. 대부분의 사람들은 이제는 내가 죽지 않을 것이 분명했기 때문에 나를 위해 기도하는 것을 중단했다. 그러나 나는 감정적으로는 죽어가고 있었다. 그것이 회복 단계에서 가장 어려운 부분이었다.

위기를 경험한 사람이 일터로 돌아가면 사람들은 그가 이미 회복되었거나 회복 과정에 있다고 생각한다. 그렇기 때문에 나는 위기를 넘긴 사람이 완전히 회복되기 전에는 일터로 가지 말라고 권하고 싶다. 의사에게 들은 바로는 병원에서 하루를 보냈다면 집에서 일주일의 회복기를 가져야 한다. 그 공식에 따르면 나는 집에서 10-11개월간 머물며 회복기를 거쳐야 했다. 돌이켜 보면 그런 시간이 내게는 정말 필요했던 것 같다.

나는 너무 서둘러 복직했다. 그것이 나를 더 우울하게 만들었다. 나는 너무 약했고 간신히 병상에서 빠져나온 수준이었다. 배에는 아직 아물지 않은 긴 수술자국이 남아 있었다. 여전히 통증이 있었고 에너지가 부족했다. 회의에 참석하려고 시도했지만 회의실에 장시간 앉아 있은 후에는 나는 사경을 헤맸다. 의자에 앉아 있는 것이 현기증을 일으켜서 카펫에 눕기도 했다. 어떤 사람들은 내가 회의에 집중하지 않는다고 생각했다. 내 마음은 열정적으로 함께 하고 싶었지만 내 몸이 말을 듣지 않았다. 마음은 원이로되 육신이 약한 것이었다.

나는 사고 이전에 기여했던 만큼 열심히 일하려고 안간힘을 썼다. 이전의 모습으로 돌아가려고 최선을 다했다. 나는 현실과 싸우고 있었다. 무척 애를 썼지만 비참하게 무너지곤 했다. 전혀 즐거움을 느끼지도 못했다.

과거의 스티브를 잊고 새로운 스티브에게 적응하는 데 어려움을 겪은 사람들도 있었다. 사람들은 과거의 스티브를 다시 찾고 싶어 했다. 내가 다시 아빠 곰이 되어주기를 바랐다. 나는 비틀즈 노래 'Eight Days a Week' 제목처럼 한 주에 8일을 일하던 사람이었는데 하루도 일하지 못하는 사람이 되어버렸다. 새로운 스티브는 아주 천천히 걸어야 하고 두 개의 목발이 필요한 사람이다(휠체어는 잠시 타고 다녔다). 과거에 익숙하게 했던 것을 이제 할 수 없게 되었다. 좌절감과 오해, 채워지지 않는 기대와 분노 등이 뒤섞여 있었다. 나를 대하는 모든 사람들이 그 영향을 받았다.

내가 더이상 과거의 스티브가 아니라는 새로운 현실을 받아들여야 했다. 그러나 나는 그 사실을 절대 인정할 수 없었다. 나는 외로웠고 버림받은 기분이었다. 매일 울었다. 매일 CD로 성경을 들었다. 매일 일기도 썼다. 내 일기는 거의 매일 다음과 같이 시작되었다.

> 오늘 나는 대부분의 시간을 눈물을 참으며 보냈다. 내 감정은 고통의 절정에 있는 것 같다. 나는 믿음으로 전진하려고 한다. 그러나 지금 이 시점에서 하나님의 임재를 느끼지 못한다. 지금 이 순간, 아무것도 느끼지 못하지만 나는 하나님이 나를 사랑하신다는 것을 알고 있다.

또 그 당시의 일기는 시편의 내용으로 채워져 있었다. 나는 미래를 향한 다윗의 소망에 대한 고백을 묵상했다. 다윗도 종종 우울했던 것 같다. 만약 다윗이 지금 시대에 살았다면 항우울제를 복용하지 않았을까 하는 생각이 든다.

처음에 나는 우울증에 대한 의학적 도움을 거부했다. 그러나 무언가 조치를 취해야 한다는 것을 깨닫게 되었다. 나는 갑자기 우울해지곤 했다. 그래서 나는 약을 복용하는 데 동의했으며 두 가지 처방을 사용했다. 약을 복용한 지 여러 해가 지났지만 나는 지금도 매일 약을 복용하고 있다. 어떤 사람들은 하나님에 대한 믿음이 있다면 약은 필요 없다고 말한다. 그 사람들은 하나님만으로 충분하다고 말한다. 과거의 스티브도 그렇게 말했을 것이다. 그러나 나는 우울증이 영적인 문제가 아니라는 것을 알게 되었다. 그것은 신체적인 문제다. 우리 뇌에 세로토닌이라는 호르몬이 부족하면 우울증을 겪게 된다. 우리는 무엇을 취해야 할지에 대해 지혜로워야 한다. 또한 우리는 필요한 것을 취할 만큼 지혜로울 필요가 있다.

5단계: 수용

우울증을 치료하면서 나는 새로운 현실에 직면할 준비가 되었다. 내가 현실을 받아들이는 데는 몇 달이 걸렸다. 아니 몇 년이라고 해도 좋을 것이다. 그렇게 오래 걸린 이유는 내가 당한 사고가 특별한 면을 지니고 있었기 때문이다. 예를 들면 결장과 대장을 제거했기 때문에 소화에 문제가 있었고 결장에 있어야 할 음식물이 위장 쪽으로 올라온다는 것이었다. 나는 내 몸에서 없어진 것이 무엇인지 매일

상기해야 했다. 먹는 음식도 달라져야 했고 기운 없고 우울한 상태가 자주 찾아왔다. 나는 새로운 현실에서 사는 법을 배워야 했다. 나는 내 상태를 진단하는 법을 배워야 했으며 내 한계를 알아야 했다. 또 나 자신을 웃음으로 받아들이는 법을 배워야 했다.

구르는 돌처럼

사고 후에 나는 인공항문을 달고 살아야 했다. 배에 지퍼 달린 주머니를 달고 사는 것을 상상해 보라. 그 주머니는 대장에서 나오는 모든 것, 즉 가스와 오물 등이 모이면 비울 수 있도록 아래쪽을 열 수 있게 되어 있었다. 나는 배설 과정을 통제할 수 없는 사람이 된 것이다.

내가 휠체어를 타고 있을 때 밥 딜런이 우리 지역에서 공연을 했다. 밥 딜런은 내가 아주 좋아하는 가수였다. 나는 딜런의 CD를 거의 다 갖고 있었다. 아내와 나는 휴식이 필요하던 차라 그 전설적인 인물을 보러 가기로 했다. 친구들도 함께 가기로 했다. 친구들은 친절하게 우리를 태워다 주었고 저녁식사를 함께 했으며 좋은 자리에 앉도록 도와 주었다. 안내원은 내 휠체어를 제일 앞으로 끌어다 주었다.

그것이 장애의 유익이다.

공연 도중에 인공항문 주머니는 가스가 가득 차서 터질 지경이 되었다. 그것은 내 배에 부착된 빵빵한 풍선 같았다. 인공항문 주머니를 비워 주어야 했다. 그러나 나는 공연 중에 진풍경을 만들고 싶지 않았다.

아내는 딜런이 '구르는 돌처럼'을 부를 때 나를 도와주었다. 얼마나 고마운 아내인지! 그 주머니를 열자마자 악취가 진동했다. 우리 가까이에 있던 사람들은 그 냄새가 우리 때문인지 몰랐겠지만 정말 역겨웠을 것이다. 우리는 아주 조심스럽게 그 일을 했기 때문에 아무도 우리가 범인인지 몰랐을 것이다. 나는 밥 딜런이 우리 주위의 청중들이 이상하게 꿈틀거린다고 생각하지 않았는지 의심스럽다.

그 순간은 아주 난처했었다. 그러나 이상하게 들릴지 모르지만 그것은 매우 중요한 순간이었다. 말장난처럼 들린다면 용서하라. 그 순간은 나에게 더 이상 과거에 집착하지 않게 하는 상징적인 순간이었다. 그것은 내 안에 새로운 사고의 틀을 형성하는 계기였을 뿐 아니라 내가 사고를 당한 후 몇 주, 몇 달 동안 내가 집착했던 감정의 찌꺼기들을 날려버리는 해방의 경험이었다. 과거의 스티브에서 해방되는 것은 새로운 스티브를 받아들이는 것이었다.

더 감사한 것은, 그 후에 나는 인공항문을 떼어 낼 수 있었고 짧아진 대장과 결장이 연결되었다. 그 후에야 나는 인공항문에 장난을 할 수 있었다. 나는 인공항문 주머니에 사람들의 서명을 받아 놓았다. 그리고 그 주머니와 비슷한 색의 가방을 찾아보았다(그러나 디자이너들의 가방 시장은 좁았다. 인공항문 주머니처럼 창의적인 가방은 없었다). 내 모자와 구두에 어울릴 가방을 찾는 것은 아주 어려웠다(이것은 중학생 정도의 유머지만 때때로 나는 내 자신의 상황을 받아들이며 웃어야 했다).

내려놓음

나는 너무 많은 일을 했기 때문에 많은 것을 놓아야 했다. 때가 된 것이다. 나는 다른 사람들이 나를 어떻게 생각할 것인가에 대해 신경 쓰지 말고 자유함 가운데 살아야 했다. 내가 건강했을 때, 사람들이 나를 가장 건강한 사람으로 생각하고, 가장 장시간 일하는 사람으로 보며, 많은 사람들을 위해 기도하는 사람으로 생각한다면 그들은 내가 최선을 다하는 일은 무엇이든지 최고로 봐줄 것이라고 생각했다. 여러 면에서 나는 내 능력으로 나에 대한 평가와 이미지를 결정하게 했다. 내가 사고를 당해서 사정이 달라졌어도 그것은 여전했다. 내가 달리거나 뛰어오르거나 빨리 걷지 못하면 사람들은 나를 바보라고 생각할 것 같았다. 간단히 말해서 나는 사람들이 나를 어떻게 볼지에 대한 두려움에서 자유로워져야 했다.

우리의 자존감은 다른 사람들이 나에 대해 말하는 것이 아니라 하나님이 나 자신에 대해 어떻게 말씀하시는지에 따라 결정되어야 한다. 사고 이후 나는 대형마트의 장애인 주차장에 주차하는 내 모습 때문에 자존감이 낮아지곤 했다. 사람들은 나를 불쌍한 절뚝발이로 보는 경향이 있었다. 나는 사람들의 동정어린 눈빛을 느끼기도 했다. 장애인 주차장의 짧은 거리를 걸을 때면 사람들이 주시하는 대상이라고 생각하기보다 나는 걷기를 좋아하는 사람이라고 생각하곤 했다.

사람이 많은 공공장소를 걸을 때에도 자존감은 낮아지는 것 같았다. 여행 중에 비행기에서 내리면 긴 터널을 걸어야 할 때가 있다. 나는 비행기를 자주 타기 때문에 종종 비즈니스석을 타게 된다. 그러면 비행기에서 제일 먼저 내리게 된다. 그러나 불행히도 나는 빨리 걸을 수가 없기 때문에 터널을 통과하는 사람들을 본의 아니게 방해하게 된다. 다른 사람들의 반응을 보는 것은 꽤 재미있다(그러나 한편으로는 슬프기도 하다). 사람들은 나 때문에 30초나 그 이하의 시간이 지체된다. 그러면 많은 사람들이 급한 마음을 감추지 못한다. 어떤 사람들은 헛기침을 하거나 사정없이 나를 지나쳐 가기도 한다. 나는 사람들이 다음 비행기를 갈아타기 위해 서두르는 것을 이해한다. 그러나 서둘러서 얻는 몇 초는 별 유익이 되지 않을 것이다. 그것은 혈압에도 해로운 것이다.

나는 미국에서 꽤 큰 교회의 담임 목사직을 내려놓아야 했다. 우리 교회는 미국에서 가장 빠르게 성장한 교회 중 하나였다. 우리 교회가 어떻게 사역하는지 보기 위해 많은 사람들이 먼 곳에서 방문했다. 교회에서 가장 큰 리더십을 발휘하고 비전을 제시하던 목사가 물러나는 것은 쉽지 않았다. 내 직책으로 인해 받았던 혜택과 모든 것들을 이젠 포기해야 했다. 다른 교회 지도자들이 우러러보고 주목하는 자리를 내려놓아야 했다. 나는 공동체에서 존경받는 일에서도 자유로워져야 했다.

아무것도 없던 상태에서 개척해서 성장시킨 교회의 담임목사직을 내려놓는 것은 내가 경험한 일 중에 가장 어려운 것이었다. 그러나 나는 교회에 필요한 사역자는 당장 해야 할 일에 자신의 에너지를 전부 쏟을 수 있는 사람이어야 한다는 사실을 깨달았다. 그것은 올바른 생각이었지만 상처가 되었다. 그것은 자녀를 키우고 떠나보내는 것과 같았다. 그것은 마치 중년에 자녀들을 출가시킨 후 경험하는 빈

둥지 신드롬과 같았다. 그러면 이제 무엇을 해야 하는가? 나는 항상 교회가 무엇을 해야 하는지, 어떤 부분이 더 성장해야 하며 성장하기 위해서는 무엇을 재조정을 해야 할지를 생각하며 살았다.

나는 과거의 역할로 내 가치를 찾는 것이 아니라 일과 분리된 인간으로서의 내 가치를 찾아야 했다. 교회를 개척하도록 이끄셨던 하나님이 교회가 지속적으로 그 지역에 강한 영향력을 발휘하도록 인도하실 것이라고 신뢰해야 했다.

만족

사람들이 부러워하는 담임 목사직에서 물러난 후 나는 영혼의 깊은 만족을 느끼게 되었다. 존 우든은 그것을 하나님의 평화며 마음의 평안이라고 부를 것이다. 나는 시간을 내서 책을 쓰기 시작했다. 사고 전에 나는 두 권의 원고를 써 놓은 것이 있었지만 그 원고는 출판할 정도는 안된다고 생각했다. 사고 후에 내 글 솜씨가 살아나기 시작했다. 처음으로 나는 긴 시간을 집중해서 앉아 있었다. 그것은 집필에 필수적인 것이다. 나는 새로운 원고로 출판사의 문을 두드렸고 출판사는 매우 큰 관심을 보였다. 아마존은 내가 쓴

책 11권을 팔고 있다. 이 책이 12번째 책이다.

나는 변화를 원하는 개인과 교회를 위한 책을 쓰고 있다. 사고 후에 나는 큰 교회가 되는 것이 중요한 것이 아니라, 최선을 다하며 만족하는 것이 중요한 것임을 깨닫게 되었다. 나는 강한 사람들이 더 강하게 되기 위해 어떻게 해야 하는지에 대해 설교하는 것을 그만 두었다. 나는 약한 자들이 꿈을 이루기 위해 어떻게 용기를 낼 수 있는지에 대해 설교하기 시작했다.

상실과 손해로 여겨지던 것이 내 삶에 유익이 되기 시작했다. 하나님은 내가 드려야 하는 것을 새롭게 주셨다. 나는 새로운 일정에 행복을 느낀다. 나는 때때로 모임에 참석하며 시간을 지혜롭게 사용하고 있다. 나는 지금 내가 사랑하는 일을 하고 있다. 인생의 이맘때에 하도록 계획하신 대로, 은사를 주신 대로 살고 있다.

나는 솟아오르는 매가 될 필요가 없음을 깨달았다. 우리는 하나님이 참새도 사랑하신다는 것을 알고 있다.[2] 하나님은 지저귀는 새도 사랑하실 것이다.

각주

1. 엘리자베스 큐블러 로스, 『죽음의 시간』, 고계영 역, (우석, 1998), pp.51~146
2. 마태복음 10:29

제7장 _ 더 나은 남편이 되기 위해 죽다

아내와 나는 해안을 따라 걸으며 바다를 향해 마우이 섬(하와이 제도의 화산섬)의 석양이 활모양으로 비치는 것을 바라보았다. 우리는 손을 잡고 파인애플 주스를 마시며 결혼의 신비를 묵상해 보았다. 우리가 25년 동안 함께 살아왔다는 것이 얼마나 놀라운 일인가?

우리는 큰 기대를 갖고 결혼생활을 시작했으며 많은 일을 함께 겪었다. 우리의 결혼생활은 좋은 시간도 있었지만 힘든 시간도 있었다. 주스를 마시며 산책하는 동안 우리는 단순한 생존자가 아니라 시너지 효과를 내는 부부임을 깨닫게 되었다. 우리는 모든 면에서 잘 맞았다. 우리의 개인적인 은사는 혼자 있을 때보다 함께 있을 때 더 강한 능력을 발휘했다. 사실, 우리는 한 사람이 없는 삶을 상상할 수 없었다.

그런데도 내가 더 나은 남편이 되기 위해 죽어야 할 필요가 있었을까? 그 이유를 생각해 보자.

나와 연합한 아내

무엇보다도 아내가 나와 연합하여 얼마나 잘 해냈는지를 자랑하고 싶다.

나는 아내와 함께 신시내티의 한 교회에서 지도자들을 도왔다. 이 교회는 앞으로 교회가 나가야 할 새로운 방향을 생각하고 있다. 사실, 당회에서는 교회의 이름을 다시 짓고 교회를 새로 시작하기로 결정했다. 나는 그 교회가 그런 결정을 내리기까지 조언을 해 왔다. 오늘 나는 아내의 도움을 받기 위해 아내와 함께 참석했다. 우리가 15명의 지도자 그룹과 함께 일할 때 우리 부부에게 매우 놀라운 일이 일어났다. 아내는 실제적인 통찰력으로 많은 도움을 주었다. 아내의 아이디어는 내 안에 있는 또 다른 생각을 일깨워 주었다. 나는 아내가 그 자리에 없었다면 그런 생각을 하지 못했을 거라고 그룹에게 말했다.

그렇게 우리는 시너지를 만들었다. 혼합물에 제 3의 요소가 더해질 때 두 가지 화학 작용이 일어난다. 우리의 경우, 제 3의 요소는 하나님의 임재다.

성경은 솔로몬을 가장 지혜로운 왕이라고 말한다.[1] 솔로몬은 세 겹 줄은 쉽게 끊어지지 않는다고 성경에 기록하고 있다.[2] 이 지혜로운 말씀은 결혼식에서 종종 인용된다. 나는 막 결혼한 사람들이 세 번째 줄이 무엇인지 진정으로 이해하고 있는지 궁금하다. 사람들은 보통 그 세 번째 줄을 하나님이라고 생각할 것이다. 그러나 그것은 더 구체적인 것이다. 세 번째 줄은 항상 함께하시는 하나님의 임재다.

일반적으로 말하는 세상의 수많은 신보다 더 친밀한 관계로 우리에게 임하시는 하나님과 교제할 수 있다. 우리가 하나님과 교제하는 방법은 아침에 일어나서 흥미진진한 결혼생활을 간구하는 것일 수 있다. 그러면 모든 부부는 하나님과 교제하는 방법을 발견하게 될 것이다.

도와주지 않았던 생활

25주년 결혼기념일은 삶의 이정표와 같았다. 아내와 나는 마우이 섬에서 파인애플 주스를 마시며 많은 것을 생각했다. 우리의 가정과 교회, 친구, 서로에 대한 헌신, 세계 각처에 우리와 연결된 사람들에 대해 생각해 보았다. 우리는 행복한 날들을 수없이 경험했다. 그러나 항상 대화가 부족한 때도 있었다. 서로를 사랑하기보다는 단순히 참아주는 시간도 있었다.

수술실에서 내 영이 몸 위에 떠 있을 때 하나님은 내게 우리의 결혼생활을 돌보고 다시 점검해야 한다고 말씀하셨다. 그 말씀은 나를 놀라게 했다. 아내와 나는 안정된 결혼생활을 하고 있었다. 그러나 나는 하나님이 의도하신 멋있는 남편은 아니었다. 이미 고백한 대로 나는 어이없는 실수들을 저지른 사람이었다. 내가 몇 가지 어리석은 실수를 범한 후로 많은 시간이 흘렀지만 나는 여전히 더 많은 실수를 할 수 있다고 생각한다. 아버지, 도와주소서!

그렇다. 나는 내 추한 면을 인정한다. 신혼 때 나는 쉽게 화를 내곤 했다. 나는 약속시간을 지키는 것을 매우 중시했다. 약속을 하거나 모임이 있으면 어디를 가든지 미리 도착하려고 했다. 내가 로스앤젤레스의 성장하는 한 교회에서 2년간 전도사 사역을 할 때 우리 가족은 자동차와 자전거 한 대를 갖고 있었다. 우리에게는 그 당시 한 살 된 큰딸 레베카가 있었다.

나는 항상 갑자기 약속이 있다고 말하고는 아내에게 10분 정도 준비할 시간을 주었다. 나는 외출 준비를 하는 데 그보다 더 많은 시간이 필요하다는 생각을 하지 못했던 한심한 사람이었다. 지금 돌이켜 보면 나는 이해심도, 인내심도 없는 사람이었다. 나는 그때 내가 한 행동을 지금은 믿을 수 없다. 나는 아내가 외출 준비하는 것을 도와준 적이 한 번도 없었다. 아내가 레베카까지 챙기면서 바쁘게 외출 준비를 하는 동안 나는 차 안에 앉아서 시계의 초침이 똑딱거리는 것을 응시하고 있었다.

일반적으로 아내는 쩔쩔매며 내가 출발하려고 생각한 시간보다 몇 분 늦게 차에 올라탔다. 나는 운전을 시작하면 엔진을 고속으로 올리고 빨리 달리기 시작했다. 그리고 약속시간에 늦은 것에 대해 화를 내곤 했다.

"아니, 이렇게 중요한 모임에 늦어서는 안 된다는 것을 왜 생각하지 못하는 거지?"

교회에 갈 때마다 우리의 감정 상태는 최악이었다. 다른 이들의 영적 상태가 최상이 되도록 도와주어야 할 장소에 그런 모습으로 가는 것이었다.

최근 몇 년간 이런 일에 대한 기억이 떠오를 때면 나는 아내에게 용서를 구했다. 결혼생활을 하는 동안 내가 범한 어리석은 일이 믿지 못할 정도로 많다는 사실에 놀라게 된다. 그런 실수에 대한 변명은 있을 수 없다고 본다.

귀가 있는 이유

하나님은 내 귀에 눈길을 주셨다. 하나님은 내가 듣는 일에 귀를 사용하지 않는 것을 지적하셨다.

듣는 것은 매우 중요하다. 그러나 그것은 거의 잊혀져버린 기술이다. 미디어의 홍수 속에서 우리는 한 집에 사는 식구들보다 텔레비전이나 인터넷, 잡지 등에 더 귀를 기울인다. 인간관계에서도 우리는 자연스럽게 대화에 굶주리게 된다. 우리는 주로 자신에 대해 떠들거나 다른 사람에 대해 불평을 한다.

다른 사람의 말을 잘 들어주려면 우선 자신의 과제를 잠시 미루는 법을 배워야 한다. 나는 제일 먼저 아내의 말을 듣는 훈련부터 시작했다. 그것은 자기 주관이 없는 것처럼 보일지도 모르지만 잘 들어주는 사람이 되려면 우리는 먼저 마음을 비워야 한다. 우리는 서로 잘 들어주어야 한다. 자기가 원하는 것만 늘어놓으면 다른 사람이 마음을 털어놓고 말해도 자기가 말한 것만 생각하게 된다. 그러면 우리는 다른 사람의 말을 들을 수 없게 된다. 우리가 선택할 수 있는 것은 우리의 당면 과제를 내려놓거나 최소한 그것을 축소시키는 것이다. 종의 자세로 대화에 임하는 것이 중요하다.

예수님은 항상 그렇게 대화하셨다. 한번은 예수님이 우물가에서 한 여인과 대화를 하셨다. 그때 예수님은 그 여인의 가장 중요한 문제에 도달하기 위해 위대한 질문을 던지셨다. 예수님은 여인의 상황을 초자연적인 직관으로 알고 계셨지만, 질문을 하시고 여인의 대답을 들어보셨다.[3]

잘 들으려면 질문을 잘 해야 한다. 우리는 다른 사람의 입장에서 생각하는 법을 배워야 하며 만약 자신이 그 사람의 입장이라면 어떤 생각을 할지를 배워야 한다. 위대한 질문은 깊은 이해의 문을 열어 준다. 위대한 율법사와 철학자와 교사들은 질문을 함으로써 의사소통을 했다. 위대한 남편과 아내도 같은 방법을 사용해야 한다.

좋은 질문은 다른 사람들이 무엇을 말하는지 명확하게 알 수 있도록 도와준다. 그렇게 되기 위해서는 노력을 해야 한다. 우리는 사람들이 전달하기 원하는 내용과 그 감정을 이해해야 한다. 질문을 통해 내용을 발견할 수 있으며 질문의 기초가 되는 감정은 마음을 더 개방하고 이해할 수 있도록 한다. 듣는 것이 문제를 해결하지는 못하지만 말하는 사람이 정말 말하고 싶은 것이 무엇인지 발견하도록 도와줄 수 있음을 배워가고 있다.

때때로 우리가 머리속으로 답을 생각하고 있거나 다음 시점에서 할 말을 생각하고 있어도 겉으로 보기에는 상대의 이야기를 듣고 있는 것처럼 보일 수 있다. 그러나 우리는 귀로만 듣는 것이 아니라 몸 전체로 듣는다. 우리가 듣고 있다고 하면서 몸으로는 다른 말을 하고 있을 때가 있다. 팔을 꼬고 눈을 내리깔고 있으면서 잘 듣는다는 것은 매우 힘든 일이다. 우리는 팔을 풀고 말하는 사람과 눈을 마주 치면서 몸의 긴장을 풀어야 한다. 그런 자세는 말하는 사람의 모든 것을 받아들인다는 것을 의미한다.

아내는 항상 잘 들어주는 사람이었다. 이제 나도 아내처럼 잘 들으려고 노력하고 있다. 나이가 들수록 더 잘 듣고 싶은 마음이 생긴다. 내가 아내의 말을 듣는 법을 배웠을 때 우리의 결혼생활은 더 좋아졌다. 사역도 더 효과적이었다. 듣는 일에 익숙해질수록 우리가 하는 일은 깊이를 더해서 발전하게 될 것이다. 생각나는 격언이 있다.

"우리 입을 열어서 모든 것을 해명하기보다는 입을 다물고 바보 취급을 당하는 것이 낫다."

내 주위에는 잘 듣는 사람들이 많았다. 나는 그 사람들을 통해 듣는 법을 배웠다. 내 친구 데이브는 전문적으로 잘 듣는 사람이다. 데이브는 잘 듣는 법에 대해 세미나를 하며 전국을 순회한다. 나는 데이브가 자기 아내를 대하는 것을 보며 많은 것을 배웠다. 그러나 듣는 기술을 발전시키기 위해 항상 전문가가 옆에 있어야 하는 것은 아니다. 우리 주위에는 전문가가 아니어도 잘 듣는 사람들이 많다. 우리는 그 영역에서 발전된 사람들과 시간을 보내며 그 사람들이 어떻게 듣는 법을 배웠는지 물어 볼 수 있다. 노력하지 않아도 잘 들을 수 있는 사람들도 있지만 대부분은 그렇지 않다. 나는 잘 듣는 사람들에게 어떤 동기로 잘 듣게 되었는지 질문한다. 그 사람들의 열정은 본받을 만하다.

삶의 어떤 단계에 있든지, 어떤 직업을 갖고 있든지 잘 듣는 사람이 되려고 노력하는 가운데 큰 유익을 얻을 수 있을 것이다.

고마움을 표현하는 이유

별로 중요하지 않은 이야기를 많이 한 것 같다. 사고를 당한 후에 나는 더 많이 고마워하는 사람이 되었다. 고마움은 아무리 표현해도 지나치지 않다고 정직하게 말할 수 있다. 내가 간신히 살아나서 스스로 많은 것을 할 수 있게 되었을 때 다른 사람들이 나를 위해 했던 일들을 인식하지 못했다. 나는 고맙다는 말을 자주 하지 못했다. 그러나 지금은 고맙다고 말하는 것이 모든 것의 기본이 된다고 생각한다. 물론 여전히 고마움의 태도를 더 계발할 필요가 있지만 말이다.

나는 시련 중에서도 내 옆에 있어 준 아내에게 고마워하고 있다. 아내는 거의 매일 밤낮을 병원에서 나와 함께 있었다. 아내는 내가 잘 움직이지 못할 때 내 팔과 다리가 되어 주었다. 아내는 인공항문 주머니를 비워 주었고 그 주머니가 경고 없이 넘치면 한밤중에라도 침대 커버를 갈아주곤 했다. 한동안 아내는 외부세계와 나를 연결해 주는 매체였다. 아내는 동시에 여러 가지 일을 해야 했다.

나는 아내와 우리 자녀들을 도와준 친구들에게 매우 고마워하고 있다. 친구들은 음식을 준비해 주기도 하고 내가 없을 때 우리 가족이 크리스마스를 즐기게 해 주는 등 여러 가지 방법으로 우리를 후원해 주었다. 나는 내 삶과 가족에게 하나님의 계획이 이루어지기를 기도해 준(지금도 기도하고 있는) 사람들에게 고마워하고 있다.

고마운 마음은 우리의 생명과 주위의 사람들의 생명을 고양시킨다. 감사의 마음은 우리의 마음을 긍정적으로 만든다. 고마움을 표현하면 우리는 별 다른 노력 없이도 사물의 밝은 면을 보게 되고 긍정적으로 생각하게 된다. 우리가 고마운 마음을 품게 되면 선한 행동을 하게 된다.

끊임없이 감사하는 사람은 주위에 기쁨을 준다. '감사 요법'은 우리가 가야 할 길이다. 나는 사람들이 나에게 제공해 준 모든 것을 감사해 한다. 식당에 가면 나는 식당 직원에게 꼭 고마움을 표현한다(사람들은 식당 직원에게 잘 고마워하지 않는다). 내가 신용카드 영수증에 서명할 때면 나는 항상 '훌륭한 서비스, 고맙습니다'라고 써서 고마운 마음을 표현한다. 나는 감사를 내 삶의 신조로 삼았다. 감사는 전염되고 생명을 준다.

고마워하는 마음은 우리가 다른 사람을 대하는 방법에 변화를 주고 다른 사람들을 좀 더 즐겁게 대하게 해 준다. 내가 아내로 인해 매일 하나님께 감사하게 되었을 때 아내를 더욱 긍정적으로 대하게 되었다.

물론 아직도 나는 많이 변해야 한다. 나는 본래가 조금은 차가운 사람이다. 그러나 내가 많은 것을 고마운 마음으로 대했을 때 차가운 태도는 빨리 개선되었다. 내 마음을 살피는 것은 중요한 일이다. 마음이 깨끗하면 뛰어난 삶을 살 수 있다.

더 느리게 사는 삶

나는 천천히 걷고 감정의 변화도 느려졌다. 내 삶의 리듬은 과거보다 느려졌다. 무엇보다 사고 이후에 나는 장미 향기를 즐길 수 있게 되었다.

나는 키에 비해 다리가 긴 편이다. 고등학생 때 내 허리는 30인치였지만 다리 길이에 맞추려면 36인치 청바지를 입어야 했다. 188센티미터 키에 내 다리는 긴 편이다. 그래서 나는 바지를 특별 주문해야 했다.

나는 다리가 길어서 항상 보폭을 크게 하고 빠르게 걸었다. 결혼한 후 몇 년간 아내는 내 걸음에 보조를 맞추느라 힘들어했다. 그러나 나는 민감하지 못해서 아내를 위해 걸음을 늦추는 일을 생각해 본 적이 없었다. 나는 항상 앞을 향해 전진하곤 했다. 손을 잡고 간 적도 없었다. 아내와 아이들보다 남편이 앞서 가는 우리 모습은 때로 인도 사람같이 보였을 것이다. 그러나 그 거리는 남편에 대한 존경을 나타내는 것이 아니었다. 그것은 단지 급한 내 성격을 나타내 주는 것이었다. 그런데 이제 상황이 바뀌게 되었다. 아내가 나보다 더 빨리 걷고 있다. 나는 느린 속도로 절뚝거리고 있으며 아내에게 내가 따라갈 수 있도록 속도를 늦추라고 부탁하고 있다.

몇 년 전에 나는 암스테르담에서 열린 빌리 그래함 전도 협회 훈련에 강사로 초대받았다. 하루는 늦은 오후에 아내와 어머니와 함께 시내 관광을 했다. 아내와 어머니는 대화를 하면서 나보다 앞서 가고 있었다. 내가 지팡이를 짚고 역사 깊은 도시의 자갈 포장길을 절뚝거리며 걷는 동안 두 사람은 어느새 소리를 질러야 들릴 만큼 앞서 가고 있었다.

우리는 우연히 암스테르담의 사창가로 접어들었다. 암스테르담에는 매춘이 합법적이다. 빨간 불빛이 밝혀진 쇼윈도에 많은 여자들의 사진이 전시되어 있었다. 그 여자들은 팔기 위해 진열해 놓은 블루밍데일의 도자기 같았다. 의도하지 않게 나는 고객처럼 보였다. 나는 진열장 앞에서 혼자서 머뭇거리는 중년의 미국 남자였다. 그 모양새가 좋지 않다는 것을 깨닫고 나는 아내와 어머니에게 소리쳤다.

"기다려요!"

상황이 완전히 바뀐 것이다. 그런데 아내는 과거의 나보다 훨씬 친절했다. 아내는 나와 보조를 맞춰 걷는 것을 즐거워했다. 더 중요한 것은 내 감정의 속도가 아내와 비슷하게 되어 우리는 더 잘 맞게 되었다는 것이다. 우리 삶의 소망은 우리가 동일한 목표를 갖는 것이다. 우리는 큰 문제 앞에서는 협상하기도 하며 작은 문제에 대해서는 서로에게 자유를 준다. 그렇게 우리는 같은 방향으로 같은 속도로 움직이고 있다.

완전한 연합

나는 배우자로 잘 맞는 사람이 이 세상에 오직 한 사람만 존재한다고 생각하지 않는다. 또 그 한 사람을 찾는 것이 중요하다고 생각하지도 않는다. 오히려 나는 우리에게 적합한 몇 명의 짝이 있을 것이라고 생각한다.

결혼을 준비하기 위해서 우리가 할 일은 더 넓은 삶을 개척하며 많은 이성을 만나보는 것이다. 물론 우리는 배우자가 될 사람에게만이 아니라 어떤 사회적 관계에서도 자신의 가장 좋은 면을 보여 주려고 할 것이다. 그러나 우리는 겸손할 필요가 있다. 우리가 결혼이라는 현실을 알지 못한다면 데이트 기간에 상대에게 반했다가 결혼 1년 만에 상대의 전혀 다른 모습을 보게 되어 결국 좌절하게 될 것이다. 나는 아직 미혼인 사람들과 신혼생활을 하는 사람들을 상담하며 그런 현상을 흔하게 보았다.

신랑은 신부를 한평생 사랑하며 자신의 삶에서 신부를 만난 것을 가장 큰 복으로 여겨야 한다. 신랑은 신부의 소울 메이트가 되어야 하며 감정이 어떻게 변하든지 신부를 진정한 사랑의 대상으로 여겨야 한다. 신부도 신랑을 같은 시각으로 보아야 한다.

관계는 결코 정체되지 않는다. 좋든지 싫든지 부부 관계에는 분위기가 있다. 그 분위기는 항상 일정하지 않다. 결혼을 저절로 흘러가는 것이라고 생각하기 쉽지만 사실 우리는 매일 노력해야 한다. 남의 집 잔디가 더 푸른 것이 아니다. 남들은 다 잘 사는 것 같고 우리 부부보다 행복한 것 같다. 남의 떡이 더 커 보이는 것이다.

분명하게 말할 수 있는 것은 아내와의 관계에서 배운 것이 있다는 점이다. 모든 미혼과 부부는 무엇이 좋은 관계를 만드는지에 대해 되도록 많은 것을 알아야 한다. 데이트와 결혼을 다룬 통찰력 있는 책들이 많다. 그 책들을 읽어보라. 나도 그런 책을 쓰고 싶다(관계에 대한 책은 하루 만에 쓸 수 있을 것 같기도 하다).

두 커플

아내와 나는 사람들에게 관심이 많다. 얼마 전에 저녁을 먹으러 나갔을 때 두 커플이 눈에 들어왔다. 한 커플은 결혼한 지 오래 된 것 같았고 별로 행복해 보이지 않았다. 다른 커플은 신혼처럼 보였다.

결혼한 지 오래된 것 같은 부부는 그날 밤 전혀 즐거워 보이지 않았다. 그 부부는 오랫동안 데이트를 하지 않은 것처럼 보였다. 서로 한 마디 말도 주고받지 않고 심각하게 음식을 먹고 있었다.

"음식 맛은 어때?"라는 말조차 주고받지 않았다. 두 사람은 눈도 마주치지 않았다. 그 부부는 마치 맛 없는 음식을 억지로 먹는 것처럼 보였다. 그것은 보는 사람에게도 고통스러운 일이었다.

아내와 나는 그 부부가 오래 전에 결혼생활의 법칙을 서로 지키지 않아 실망만 남아 있을 거라고 생각했다. 그 부부는 오래 전에 이혼하고 싶었지만 비참한 삶을 법적으로 끝내기 위해 변호사를 선임하는 일을 아무도 떠맡지 않은 것이다. 아마도 아이들 때문에 끝내지 못했을 수도 있다. 그 부부의 모습은 별거 중인 것처럼 보였다.

다른 부부는 신혼임이 분명했다. 그 부부의 반지는 밝게 빛나고 있었다. 그 부부는 쉬지 않고 이야기했으며 때때로 다른 사람들에게 방해가 될 정도로 크게 웃기도 했다. 아내가 하는 말을 남편은 즐겁게 들었다. 남편은 큰소리로 말했다.

"당신은 개그맨이 됐어야 했어!"

남편은 너무 웃어서 눈물이 날 지경이었다.

또 그 아내는 자기 남편이 더할 나위 없이 지혜로운 말을 한다고 생각하는 것 같았다. 아내는 자기 냅킨에 남편이 하는 말을 받아 적었으며 말했다.

"이건 내가 전혀 생각해 보지 못한 말이야!"

그 부부의 서로를 향한 눈빛은 강렬했다. 웨이터가 음식을 가져왔을 때에도 그 부부는 웨이터를 쳐다보지 않았다. 간단히 고맙다는 말만 던진 채 대화를 계속했다.

그 두 부부는 모든 부부 관계가 같은 모습이 아니라는 사실을 보여 준다. 데이트 중인 사람들이나 결혼한 부부는 더 가까워질 수도 있고 더 멀어질 수도 있다. 관계는 한 곳에서 머무르지 않는다.

예수님은 우리가 예수님과 함께 하든지 예수님을 반대한다고 말씀하셨다.[4] 중간은 없는 것이다. 그와 마찬가지로 우리의 행동은 결혼 생활을 돕든지 해치든지 하는 것이다. '그건 문제되지 않는다'는 영역이 없는 것이다.

소울 메이트와의 데이트

나는 아내와의 데이트를 기대하며 살고 있다. 결혼하기 전보다 더 기대감이 크다. 그 이유는 내가 아내를 이전보다 더 잘 알게 되었고 내게 있어서 아내는 값진 보배라는 것을 깨달았기 때문이다. 간단히 말해서 나는 아내와 함께 시간

보내는 것을 과거보다 더 즐기고 있다.

우리는 낭만적인 장소를 찾거나 손을 잡거나 서로를 응시하기만 하는 것이 아니다. 우리는 여러 가지 다양한 것을 즐긴다. 아내와 나는 둘 다 영화광이다. 그래서 극장에 자주 간다. 그리고 한 번씩 번갈아 가며 영화를 선택한다. 아내는 로맨틱 코미디를 좋아하고 나는 액션 영화를 좋아한다. 그러나 우리가 무슨 영화를 보는지는 그다지 중요하지 않다. 아내와 몇 시간 동안 함께 있을 여유를 갖는 것이다.

영화를 본 후에 우리는 저녁식사를 하고 아이스크림을 먹거나 커피를 마신다. 우리는 영화에 대해 이야기한다. 영화의 잘된 면과 그렇지 못한 부분에 대해 이야기한다. 배우들이 다른 영화에서 연기한 것과 비교하기도 한다. 별 5개로 영화 등급을 매기기도 한다. 에버트와 뢰퍼(미국의 가장 대중적인 영화 평론 프로그램 중 하나-역자 주)보다 더 신랄한 영화 평론가 스티브와 아내 제니가 있는 것이다.

하나님은 살아계신다. 어떻게 전혀 다른 두 인간이 완전한 조화를 이루며 행복하게, 그것도 25년 동안 살 수 있는가? 우리는 25주년 결혼기념일을 조용하게 보냈다. 하와이로 기념 여행을 떠나지도 않았고 떠들썩하게 축하파티를 하지도 않았다. 우리는 함께 보낸 날들의 중요한 사건들을 돌아보며 함께 식사하는 시간을 가졌다. 우리는 많이 웃었으며 눈물을 흘리기도 했다.

나는 가장 좋은 친구가 되어주는 것이 결혼의 목표라고 생각한다. 결혼이 주는 보상은 누군가와 함께 하는 것이다. 그것은 하나됨의 일부인 섹스의 즐거움을 넘어서는 것이다. 그것은 토론에서 이기는 것이 아니다. 결혼의 신비 속으로 여행을 해 본 우리는 소울 메이트라고 부를 수 있는 사람과 삶의 평안을 누리는 것이 얼마나 중요한 것인지 알고 있다.

나는 많은 것을 발견했다. 그리고 어느 때보다도 아내에게 더 나은 소울 메이트가 되기 위해 죽고 있다. 나는 아내와 다시 마우이 섬의 석양을 바라보며 결혼생활 50년을 뒤돌아보며 거닐 것을 기대한다.

각주

1. 열왕기상 3:12
2. 전도서 4:12
3. 요한복음 4:7-30
4. 누가복음 11:23

제8장 _ 더 나은 아버지가 되기 위해 죽다

　　　　　　잠시 백일몽을 꾼 것 같다. 나는 동네 서점에 들어가 신간과 베스트셀러 코너를 지나 잡지 진열대를 찾았다. 최근에 나온 오토바이 잡지를 찾고 있었다. 그러나 《현대 신부》 잡지 표지가 내 눈을 끌었다. 모든 아버지가 그렇듯이 나는 딸의 결혼식에서 딸과 함께 단상까지 걸어들어 갈 날을 꿈꾸고 있다.

나는 턱시도를 입고 레베카는 흰색이나 아이보리색 드레스에 눈꽃 핀이 꽂힌 베일을 쓴 깃을 그려본다. 우리는 이 날 친구들과 친척들이 모이는 것을 보게 될 것이다. 모두가 행복해 할 것이다. 물론 미래의 사위는 앞에서 기다리고 있다. 꿈속에서 사위를 알아볼 수는 없었지만 나는 여러 해 동안 사윗감을 위해 기도했다. 딸들이 태어나기 전부터 딸들에게 적합한 신랑감을 적합한 시기에 주시기를 기도하곤 했다. 지금까지는 모든 것이 완벽하다.

내 눈은 사위에서 신부의 파티로 옮겨졌다. 하객들은 레베카(혹은 로라)의 제일 친한 친구들이다. 그런데 그때 나는 무엇인가가 잘못되었다는 것을 느낀다. 몇몇 친구들은 알아보겠는데 나머지는 처음 보는 얼굴이다. 더 심한 것은 딸아이 친구들의 이름을 전혀 모른다는 것이다.

고맙게도 그것은 한낮의 개꿈이었다. 밤에 그런 꿈을 꾸었다면 더 끔찍했을 것이다. 다행히 내가 딸을 식장에 데리고 들어갈 때는 그런 일은 일어나지 않을 것이다. 그러나 어쩌면 그럴 수도 있을 것이다.

자녀들의 친구 이름을 아는 것

나에게 하나님은 선하신 분이다. 여러분은 내가 사고를 당해 죽을 뻔했던 그날, 수술대 위로 떠다닌 것을 기억할 것이다. 위기 상황에서 하나님이 조용히 나에게 질문하셨다.

"너는 네 아이들의 친구 이름을 아니?"

그것은 꿈이 아니었다. 하나님은 답을 원하셨다. 그러나 나는 아는 이름이 한 명도 없었다. 나는 부끄러웠다.

아이들 친구 이름을 하나도 모른다는 사실을 깨달았을 때 나는 큰 충격을 받았다. 나는 딸아이의 오랜 친구들의 이름을 알기 위해 시간을 낸 적이 없었다. 내 무관심은 당혹스럽고 변명의 여지가 없었다. 그 친구들은 우리 집에 자주 왔었고 항상 환영받았다. 그러나 그때마다 나는 항상 일에 몰두하고 있었고 그다지 친절하지도 않았다. 또 집에 없을 때도 많았다. 나에겐 일이 더 중요했던 것이다.

열심히 일하는 것도 좋지만 가족을 제쳐 놓고 일에 빠진 것은 치명적인 실수였다. 나는 가야할 길을 발견했다. 고맙게도 나는 다시 한 번 기회를 얻은 것이다.

수술실에서 하나님의 음성을 들은 후, 나는 세 자녀에게 용서를 구했다. 나는 좋은 아버지가 아니었으며 좋은 목사는 더더욱 아니라고 고백했다.

더 좋은 아버지

사고 이후로 나는 위대한 아버지, 아니면 최소한 좋은 아버지가 되어야 한다는 생각에 집중하고 있다. 내가 배운 것이 모든 아버지들에게 도움이 되길 바란다. 특히 일 하느라 자녀에게 충분한 관심을 기울이지 못한 아버지들에게 도전이 될 것이다.

자녀들이 그릇되고 왜곡된 아버지상을 갖게 된다면 하나님도 왜곡된 모습으로 보게 된다. 그것은 우리가 사는 세상에 대해 많은 것을 시사해 준다.

오늘이 생의 마지막 날이라고 생각해 보라. 암으로 죽어가는 당신의 생명이 오늘 자정에 끝난다고 가정하라. 삶의 마지막 날에 자녀를 어떻게 대하겠는가? 당신은 모든 행동을 조심할 것이다. 자녀들이 당신을 특별하게 기억해 주길 원할 것이다. 그런 식으로 사는 것은 결혼 전에 잘 보이려고 꾸민 사랑과 같다.

어느 누구도 일정한 기간 동안은 쇼를 할 수 있다. 그러나 시간이 지나면 옛 습관으로 돌아간다. 불행히도 부모와 자녀간의 관계에서 그런 현상이 일어날 수 있다. 자녀가 말을 안 듣거나 아버지가 직장을 잃을 위기가 닥치면 경보가 울리게 된다. 아버지가 자녀들에게 잘 보일 필요가 없다고 느낄 때 아버지는 자녀들에게 심각한 마음의 상처가 생길 정도로 마구 대하는 경우도 있다.

불행히도 나는 그것을 깨닫기 위해서는 죽었다 살아나야 했다. 그것은 비극이다. 나는 실수를 했다. 나처럼 눈 뜬

봉사가 되지 말라. 좋은 아버지가 되기 위해서 결단하고 노력하라.

당신은 나처럼 질문할 것이다.

"왜 우리는 다른 사람이 살아온 삶에 대해 읽고도 교훈을 얻지 못하는가? 왜 우리는 이 책을 읽고도 같은 실수를 하는가?"(그 사실을 알면서 나는 이 책을 쓴다.)

소수의 사람만이 이 책을 읽고 웅덩이를 피할 것이다. 그러나 대부분의 사람들은 나처럼 살면서 배울 것이다.

파이프와 같은 삶

이 시점에서 후하게 주는 것이 무엇이며 좋은 아버지가 되는 것이 무엇인지에 대해 배운 것을 몇 가지만 언급하고 싶다.

사고 이전에 나를 꼭 구두쇠라고 할 수는 없었다. 나는 아이들에게 좋은 크리스마스 선물을 주곤 했다. 생일 선물도 꽤 괜찮은 것으로 챙겨 주었다. 그러나 나는 후하게 주지는 못했다. 단순히 선물을 주는 것과 후하게 주는 것은 다르다.

후하게 주기 위해서 반드시 부자여야 하는 것은 아니다.

많은 사람들이 부자가 아니어도 후하게 주고 있다. 후하게 주는 사람은 창의적이고 활기가 넘친다. 그들은 후하게 주는 것이 지갑이 아니라 마음에 달려 있다는 것을 알고 있다. 관대한 마음은 계속 빛날 것이며 자녀들은 그것을 알아볼 것이다.

관대한 사람으로 기억되고 싶은지 자신에게 물어보라. 만약 그렇다면 우리는 우리의 소유물과 돈이 얼마든지 간에 그것을 움켜쥐고 있어서는 안 된다. 우리는 돈이 삶을 통해 흘러가게 해야 한다. 의료사고를 당한 후 나는 아이들 생일이 되면 많은 돈을 준다. 내 나이에 아이들의 나이를 곱한 만큼의 돈을 준다. 내가 늙어갈수록 그리고 아이들이 커 갈수록 그 액수는 더 커지게 된다. 아들 잭은 지난 생일에 꽤 많은 돈을 받았다(돈 주는 일은 18세가 될 때까지만 한다).

어떤 사람에게는 이 공식이 부담스러울 수도 있을 것이다. 그러면 자기 나이를 반으로 해서 아이들 나이를 곱하는 방법을 택할 수도 있다. 또 매년 조금씩 올려 주는 방법도 있다. 중요한 것은 돈의 액수가 아니라 돈을 줄 때의 태도임을 기억하라.

어떤 사람은 내가 좀 과다하게 준다고 생각하지만 나는 그렇게 생각하지 않는다. 나는 아이들이 자기를 축복하는 아빠의 노력을 잊지 않을 것이라고 믿는다. 아마 당신은 아이들이 자기가 받은 돈으로 다른 사람들을 위한 선물을 사는 것을 보게 될 것이다. 나는 아이들이 돈이 흘러가게 하는 법을 배우는 것을 보면서 미소짓게 된다.

나는 냄비가 아닌 파이프와 같은 삶을 살고 싶다. 파이프 안으로 무언가가 통과하면 다른 이들에게 필요한 영양을 공급해 주는 통로가 된다. 반면에 냄비는 받아들이고 모으기만 한다. 냄비 안에 무엇인가 들어가면 다른 곳으로 흘러가지 않고 정체하게 된다.

돈과 소유물이 우리가 자녀들에게 줄 수 있는 유일한 선물은 아니다. 우리는 사랑을 포함해서 많은 것을 줄 수 있다. 어떤 사람들은 말이 사랑을 표현하는 데 가장 좋은 수단이라고 생각한다. 어떤 사람들은 '나는 너를 사랑한다'라는 메시지를 전달하기 위해 아이들을 안아주기도 한다. 우리가 사랑을 어떻게 표현하든지 우리는 자녀들이 태어난 날부터 우리의 숨이 끊어지는 날까지 자녀들에게 사랑을 쏟아 부어야 한다.

우리 중 많은 사람은 자녀들에게 소홀했음을 느낄 것이다. 우리는 사랑을 잘 표현하지 못했거나 후하게 주지 못했나. 나는 여러 해 동안 부모 상담을 했었는데 부모들 중에는 자녀들과의 관계에서 돌이킬 수 없는 실수를 한 사람도 있다. 그들은 절망의 단계까지 이르게 된다. 그 느낌은 자녀들이 고등학교를 졸업하고 독립해 나갈 때 실감하게 된다. 많은 부모들은 손을 내저으며 거부할 것이다.

"무슨 소용이 있습니까? 이미 너무 많은 실수를 했는데요. 지금 와서 변한다고 달라질 게 있나요?"

나도 많은 실수를 했던 불완전한 부모로서 다시 시작하는 것이 결코 늦지 않았음을 입증할 수 있다. 부모 편에서 굽히고 들어가는 것이 필요할 것이다. 우리는 항상 자녀들에게 돌아갈 수 있다. 처음에는 자녀들이 저항할 수도 있다. 그러나 우리는 계속해야 한다. 자녀들은 이해심이 많다. 자녀는 부모가 모범을 보이지 못한 것에 대해 용서를 구하고 잘못된 부분을 바꾸기 시작하면 반응을 보일 것이다.

기적의 햄스터

둘째 딸 로라가 햄스터를 갖고 싶어 했다. 나는 뒷마당의 다람쥐를 보는 것으로 만족했지만 로라는 꼭 햄스터를 고집했다. 나는 햄스터가 새끼를 백만 마리씩 낳게 되면 햄스터들이 우리 밖으로 나와서 다락방에서 돌아다닐 것이며 로라의 손가락을 물 것이라고 겁을 주었다. 사실, 나는 집 안에 무언가를 갉아먹는 짐승이 있는 것을 원하지 않았다.

비록 그것이 우리 안에 갇혀 있다 해도 말이다.

그 일은 의료사고 훨씬 전의 일이었다. 그 이야기를 이 시점에서 하는 이유는 아이들을 달래서 무언가를 못하게 하는 것보다 아이들의 말을 귀 기울여 들을 필요가 있다는 말을 하기 위해서다. 로라는 사정도 하고 고집도 피우고 토라지기도 했다. 하여튼 햄스터가 갖고 싶은 것이었다. 마침내 나는 항복했다. 로라를 즐겁게 해주기 위해서가 아니라 로라가 나를 지치게 만들었기 때문이다. 항복의 동기가 잘못된 것을 알고 있다.

햄스터를 집에 가져오자 로라의 얼굴이 환해졌다. 나는 이리 저리 눈을 굴리며 할 말을 참았다. 어느 날 우리는 햄스터가 새끼를 밴 것을 알게 되었다.

햄스터는 8마리의 새끼를 낳았다. 적당한 수의 가족이었다. 그 수는 어미 햄스터가 아기 햄스터 손가락을 핥아주며 잘 간수할 수 있는 숫자였다(나는 햄스터가 늘어난 것을 그리 문제시하지 않았다).

그런데 햄스터의 탈출이 시작되었다. 햄스터가 우리를 빠져나와 다락방이 아닌 내 서재로 들어왔다. 그리고 새로 산 카페트를 갉아먹었다. 로라의 귀여운 4달러짜리 햄스터가 100달러의 수리비가 드는 말썽을 일으킨 것이다.

어느 날 우리는 어미 햄스터의 몸이 비정상적으로 커진

것을 알게 되었다. 암에 걸린 것이다. 그러나 우리는 햄스터를 안락사시킬 마음은 없었다. 놀랍게도 그 작은 햄스터는 몇 년을 더 살았다. 우리는 그 어미를 기적의 애완동물이라고 불렀다(그런데 그 어미 햄스터는 로라의 손을 물거나 내가 예언한 다른 짓은 하나도 하지 않았다).

부모로서 우리는 자녀들의 말을 귀기울여 듣고 자녀들이 무엇을 말하는지 고려해 보아야 한다. 우리는 자녀들의 말을 안 들어줄 경우에 일어날 상황이 두려워서 마지못해 항복해서는 안 된다. 자녀의 말을 듣고 상황을 잘 판단해야 한다. 내가 로라에게 햄스터를 사 준 것은 로라가 졸라대서 몹시 피곤했고 더는 괴롭힘을 당하고 싶지 않아서였다. 상황을 잘 판단한다는 것은 내가 햄스터를 사 주지 않았어야 했다는 의미가 아니다. 모범적인 부모라면 딸의 말을 잘 듣고 정보를 얻은 후 지혜롭게 결정할 것이다. 사실, 기분 좋은 날 내게 물어보면 나도 햄스터에 대해 조금은 호감이 있다고 말할 것이다.

융통성 있는 아버지

아버지로서 고쳐야 할 점을 생각한 후 첫 번째로 고친 것이 융통성은 아니다. 그러나 요즘은 자녀들에게 융통성 있게 대하는 법도 배우고 있다.

예수님은 팔복에 대해 설교하신 적이 있다. 그 말씀은 모두 '복이 있나니'로 시작한다. 당신은 그 유명한 팔복 중 다음 말씀을 들어보았을 것이다. "온유한 자는 복이 있나니 그들이 땅을 기업으로 받을 것임이요."[1] 거기에 더해 나는 다른 복을 계발했다. 이 복은 성경에 나오지는 않지만 삶에 유용할 것이다. "융통성 있는 자는 복이 있나니, 그들은 휘어져도 부러지지는 않을 것이요"

당신이 부모라면 융통성의 진리를 알아야 한다.

나는 어린 시절에 하면 안 된다고 배운 것에 대해서는 어른이 되어서도 거부감을 느끼고 긴장하는 경향이 있다. 레베카가 그런 내 성향으로 어려움을 당한 적이 있다. 우리 가족은 모두 첫째 아이인 레베카에게 기대가 컸기 때문에 엄격하게 키웠다.

레베카가 십대가 되어 해변에서 처음으로 비키니를 입었을 때였다. 나는 기분이 상했다. 나는 과잉보호 모드로 들어갔다.

"레베카, 그 수영복은 노출이 너무 심하구나. 좀 가려야겠어. 보기가 안 좋아. 원피스 수영복으로 바꿔라. 내가 골라 줄까?"

나는 1950년대 중반의 사고를 지니고 있었던 것이다.

우리 딸은 그 당시 다른 소녀들이 해변에서 흔히 입는 평범한 수영복을 입었을 뿐이었다. 너무 튀지도 않았고 사실 노출이 심한 것도 아니었다. 나는 딸아이와 대화의 다리를 놓지 않고 과잉 반응을 했었다. 먼저 딸아이의 말을 들어보고 비키니에 대해 협상하지 않은 것이 문제였다. 나는 중용을 지키는 주제나 지혜로워지는 것에 대해 이야기한 적도 없었던 것이다. 내가 대화를 시도했다면 딸아이의 생각을 더 잘 이해할 수 있었을 것이다.

흥미로운 사실은 아내가 나와는 융통성의 수준이 달랐다는 것이다. 본래 아내는 감성적으로 너그러운 사람이다. 아내는 낙천적인 남부 캘리포니아 출신이다. 아내는 파도타기를 하며 바다 근처에서 자랐다. 소년들이 신나서 환호성을 지르며 바다로 뛰어드는 환경에서 자란 사람이다.

아이들이 어릴 때 다행히 융통성 있는 아내가 함께 팀을 이루어 교육하는 데 균형을 잡아 주었다. 아내가 아니었다면 우리 애들은 정신병원 상담실에 드나들었을 것이다.

자녀들을 존중하는 부모

나는 우리 자녀들을 더욱 존중하는 법을 배우고 있다. 나는 아이들을 존중하기보다는 아이들이 우리를 존경하게 해야 한다고 생각했었다. 그러나 지금은 두 가지 모두 이루어져야 한다고 생각한다.

나는 그 영역에서 부모로서 빛을 발하지 못하고 실패했다. 나는 우리 아이들을 존중하지만 너무 바쁘게 살았기 때문에 아이들과 의사소통하는 일에 실패했다.

딸이 사귀는 남자 친구에 대한 내 태도를 예로 들어보겠다. 내가 우리 딸들이 사귀는 남자 친구들이 모두 형편없다고 생각했던 것은 아니다. 그러나 모든 아버지들은 딸들이 단정하지 못한 남자와 사귀면 안 된다고 생각한다. 남자들은 처음에는 잘 보이려고 허풍을 떨기 때문에 분별을 잘 해야 한다. 어떤 남자 친구도 아버지를 만족스럽게 하지 못할 것이다. 모든 남자들이 딸보다 못해 보이기 때문이다.

나는 우리 집에 온 딸아이의 남자 친구들에게 겁을 주기도 했다. 나는 털어서 먼지 나게 하는 일을 주로 했다. 딸아이는 내가 그런 짓을 하고 난 후에는 남자 친구와의 데이트가 전혀 즐겁지 않았다고 했다. 아이들은 내가 데이트를 망쳤다고 말했다. 나는 항상 남자 친구의 흠을 찾았으니까 말이다.

의료사고 후 나는 딸들에게 몹쓸 짓을 했다는 것을 깨달았다. 자녀들의 데이트를 더 이상 방해해서는 안 된다. 나는 지금도 지켜보고 있으며 남자 친구에 대한 내 견해를 나누고 싶어 한다. 그러나 이제는 딸아이의 남자 친구가 20쪽이나 되는 질문에 모두 답해야 하거나, 거짓말 탐지기와 같은 과정을 통과해야 하거나, 머리에 이가 있는지 검사당할 필요는 없어졌다. 나는 그 남자 친구가 우리 딸아이가 가장 좋아하는 것에 관심이 있다고 믿는다. 가장 중요한 것은 이제 딸들이 남자를 보는 안목이 있다고 믿는 것이다.

앞으로 어느 날인가, 나는 레베카와 로라를 결혼식장의 단상까지 인도할 것이다. 나는 턱시도를 입고 딸아이는 사랑스러운 드레스를 입을 것이다. 우리가 예배당의 단상을 향해 걸어갈 때 우리 모습은 찬란하게 빛날 것이다. 가족과 친지들이 모두 모여 우리를 축하해 줄 것이다. 그날은 슬프면서 기쁜 날일 것이다. 우리 딸이 우리를 떠난다는 사실이 슬프지만 사위를 얻고 가족이 늘어난 것이 기쁜 것이다. 딸들이 태어나기 전에 하나님께 드렸던 기도가 이루어질 것이다. 나는 사위의 이름을 알게 될 것이다.

각주

1. 마태복음 5:5

아내와 두 딸과 함께

제9장 _ 좋은 친구가 되기 위해 죽다

오스본과 나는 20년지기 가장 친한 친구다. 우리는 스타벅스에 가서 커피를 마시며 담소를 나누곤 했다. 우리는 만나기만 하면 가족 이야기부터 시작해서 우리의 일과 비전에 대해 이야기하느라 얼마나 많은 커피를 마셨는지 모른다. 오스본은 내가 교회 직원과 문제가 있었을 때 내 이야기를 들어 주었다. 그리고 로라가 햄스터를 사자고 조른 것도 알고 있다. 오스본은 내가 기쁠 때나 슬플 때나 항상 힘께 해 주었다. 그러나 나는 내가 오스본과 다른 사람들에게 더 좋은 친구가 되어야 한다는 것을 깨닫지 못했다. 내 삶의 대부분의 경우처럼 그것을 배우는 것은 쉽지 않았다.

너그러운 우정

친구에 대한 정의 중 하나는 '아는 사람'이다. 의료사고 전에 나는 항상 많은 사람들에게 둘러싸여 있었고 아는 사람이 많았다. 내 우정에 대해 물어본다면 나는 바위같이 견고하고 깊은 우정, 한평생 지속될 우정이 있다고 말할 수 있었다. 그것은 일면 진실이었다. 그러나 수술실에서 하나님을 만났을 때 내 우정은 피상적이었음을 깨달았다.

병원을 찾아오는 방문객이 줄을 이었다고 이 책에 기록한 바 있다. 내가 언급했듯이 사람들은 대부분 친절했다. 그런데 어떤 사람들은 나와 풀리지 않은 문제를 가지고 있었다. 병문안을 오지 못한 사람 중에는 분명 나와의 갈등에 머물러 있던 사람도 꽤 많았을 것이다.

나는 문제를 알고 있어도 별로 신경 쓰지 않았다. '공격적이고 실수하고 오해하는 것은 있을 수 있는 일이다. 모든 지도자들 주위에는 항상 그런 사람들이 있다. 깨진 관계를 회복하기 위해 시간을 쓰는 것보다 새로운 우정을 쌓기 위해 시간을 쓰는 것이 더 생산적인 것이다'라고 생각했다. 사고 전에 어떤 목사가 이러한 내 태도를 지적한 적이 있었다. 그러나 나는 내 방식을 고수했으며 변하려고 하지 않았다.

뒤돌아보면 내가 갖고 있던 시각은 왜곡된 것이었다. 이제 나는 고치기 위해 노력하고 있다. 하나님과 사람 앞에서 항상 아무런 거리낌이 없는 것이 최선의 길이라고 생각한다. 다른 말로 하면 내가 다른 사람을 화나게 했거나 다른 사람이 내 감정을 거슬렸을 때 나는 그 상태를 만회하기 위해 최선을 다한다. 해가 지기 전에 해결하면 더 좋다. 우정을 유지하기 위한 노력과 시간에 인색해서는 안 된다.

새로운 종류의 친구

'새로운 종류'라는 말을 사용하고 보니 내가 브라이언 맥라렌의 유명한 책 제목에서 힌트를 얻었다는 것을 깨달았다.[1] 브라이언은 친구이므로 그것이 가능하다.

새로운 종류의 친구가 되려면 나는 나 자신의 태도와 행동을 조화시켜야 한다는 것을 발견했다. 이번 장에서는 우정에 대한 모든 개념과 실천사항을 총망라해 보겠다. 못 믿을지도 모르겠지만 그 중 일부는 계시로 받은 것이다. 이 모든 것이 효과가 있었다.

친구는 무엇인가? 내가 정의하기로는 '내 잘못을 잘 기억하지 않으며 나에게 불만이 있을 때는 즉시 불만을 털어놓고 그 불만에서 해방될 수 있는 사람'이다. 친구는 어려울 때나 좋을 때나 함께 있어 준다. 그리고 옳지 않은 말이나 행동을 했을 때 당신에게 충고해 주는 사람이다. 친구는 당신이 힘들 때 화내는 것을 너그럽게 받아 주며 좋을 때는 바보같이 굴어도 받아 준다. 또 당신이 할 말이 없을 때 잠잠히 있어도 괜찮은 사람이다. 친구는 당신이 꿈을 이루도록 격려하며 당신이 그 꿈을 이루었을 때 승리를 함께 축하해 주는 사람이다. 또 스타벅스에서 최소한 교대로 돈을 내는 사람이며 아무리 바빠도 당신에게 전화하고 이메일을 보내기 위해 시간을 내는 사람이다. 당신의 상태를 자주 알아보는 열성이 있는 사람이다. 친구는 당신에게서 가장 좋은 면을 보며 다른 사람이 당신에 대해 하는 말을 모두 믿지 않는다.

내 친구 오스본은 가나에서 태어난 아프리카계 미국인 목사다. 오스본은 이 정의에 완벽하게 들어맞는 사람이다. 우리는 적어도 한 달에 한 번은 함께 점심을 먹으며 몇 시간씩 마음에 있는 이야기를 나눈다. 우리는 두려움과 소망과 열정에 대한 생각을 나눈다. 나는 좋아하는 곳에 갈 때면 꼭 그 친구를 부른다. 또 오스본의 가족은 뭔가 새롭고 의미 있는 일이 생기면 꼭 우리에게 알린다. 내가 일기에 당혹스러운 일에 대해 써야 할 때 나는 오스본과 상의한다. 오스본과 나는 함께 기도하며 하나님이 그 기도에 어떻게 응답하셨는지 서로 이야기한다.

내가 위기에 처했을 때도 오스본은 아주 신실한 친구였다. 오스본이 나를 얼마나 자주 격려했는지 세어볼 수 없을 정도다. 오스본의 어머니도 그 시절에 내게 힘을 북돋워주셨다. 오스본의 어머니를 처음 보았을 때 쉽게 친해지기 어려운 사람처럼 보였다. 그러나 감사하게도 첫인상과는 전혀 달랐다.

가나에서 내 사고 소식을 전해 들은 오스본의 어머니는 내가 중환자실에서의 첫날을 잘 넘기면 살아날 것이라고 예언했다고 한다. 내가 둘째 날 살아있는 것을 본 오스본은 정말 환희에 차 있었다. 나는 힘든 상태였지만 오스본의 얼굴은 빛났다. 나는 죽은 사람처럼 보였지만 오스본은 기쁨에 넘쳐 모든 사람들에게 내가 건강해질 것이라고 말했다.

내 미래에 대한 오스본의 선포는 마크 트웨인이 자신의 서거 뉴스에 반론을 제기하는 것과 비슷했다. 마크 트웨인이 살아 있었을 때 신문은 트웨인의 사망기사를 실었다. 트웨인이 그 소식을 들었을 때 '내 사망기사는 너무 과장되었다' 라고 반박했다. 내 사망기사가 게재되려 하는데 오스본은 하나님은 그 사망기사를 읽지 않으실 것이라고 말하는 것이었다. 여기저기 등이 달려 있는 크리스마스트리처럼 나는 온 몸에 튜브를 꽂고 있는 상태여서 그 말을 쉽게 납득할 수 없었지만 오스본은 강하게 주장했다.

지평선 넘어

유도된 혼수상태에서 깨어났을 때 오스본이 침대머리 맡에 서 있었던 것이 기억난다. 가나 특유의 악센트(가끔은 불어같이 들린다)로 오스본은 소리쳤다.

"좋은 뉴스야! 신나는 일이 있어. 자네를 대형마트로 데리고 가서 신발 한 켤레 사주고 싶어 안달이 나는군!"

무슨 이유인지 모르겠지만 오스본은 내게 회복을 축하하기 위해 새 신발을 사주고 싶어 했다. 그러나 나는 커다란 트럭에 치인 느낌이었다. 온 몸이 쑤시고 아팠다. 발가락까지도 아팠다.

> 인간의 마음을 상하게 하는 것은 사건이 아니라 그것을 보는 시각이다. – 에픽테투스

오스본 목사와 함께

에픽테투스의 말은 그 당시 오스본의 행동을 상기시켜 주었다. 오스본은 중환자실에서 자신의 눈앞에 놓인 엉망이 된 나를 본 것이 아니었다. 오스본은 믿음과 소망과 기대의 눈으로 나를 보았다. 오스본은 지평선 너머에 있는 것을 보고 대비하고자 했다.

병원을 두 번 옮기고 몇 달이 지난 후에 내가 집으로 돌아와 회복기를 맞았을 때도 오스본은 매일 찾아왔다. 어떤 때는 귀찮을 정도였다. 내가 포기하고 싶었던 때(나는 그 기간을 '울고 있는 단계'라고 부르고 싶다) 오스본은 내 옆에서 어려움을 통과하도록 도와주었다. 나는 오스본에게 찾아오지 말라고 했지만 오스본은 내 말을 무시했다. 나는 오스본을 쫓아내려고 까지 했지만 오스본은 강경하게 매일 찾아왔다.

일이 잘될 때 좋은 친구가 되는 것은 쉬운 일이다. 그러나 삶이 힘들어질 때 우리 옆에는 소수의 사람만 남게 된다. 죽음이 다가올 때는 더 그러하다. 우리가 내리막길에 있을 때 우리를 저버리는 친구들은 많을 것이다. 그런 사람들은 친구가 아니라 단지 아는 사람이다. 오스본은 그와 반대였다. 오스본은 우리 모두가 원하고 소망하는 그런 친구였다.

영화 '포레스트 검프'에서 베트남 전쟁에 참여한 포레스트가 전투 중에 같은 소대 소대장을 구출하는 장면이 있다.

소대장 댄은 다리가 잘렸고 정글에서 죽어가고 있었다. 그런데 포레스트가 목숨을 걸고 소대장이 쓰러져 있는 곳으로 돌아갔다. 그들이 싸우던 정글에 폭탄이 떨어지기 직전 포레스트는 소대장을 끌어낸다. 소대장은 자기를 구해 주었다고 화를 내며 다시 정글로 돌아가서 싸우다 죽게 해달라고 부탁한다.

위기 상황에서 나는 소대장 같았고 오스본은 포레스트 같았다. 나는 그냥 죽게 내버려 두길 원했다. 나는 오스본을 하찮은 사람으로 대했으며 나를 홀로 내버려 두라고 했다. 나는 나를 구한 사람과 논쟁을 하고 있었다. 오스본을 보고 싶지 않아서 방구석으로 머리를 돌리기도 했다. 그러나 오스본은 미소 지으며 나를 격려했다.

오스본은 내가 앞뒤가 안 맞는 말을 해도 묵묵히 들어 주는 사람이었다. 내 투정이 끝난 후에 우리는 마음에 있는 것들을 나눌 수 있었다. 다시 일어나도록 나를 돕는 사람이 있다는 것은 치유에 큰 도움이 되었다.

오스본은 나를 위해 기도해 주었으며 나와 함께 기도했다. 어떤 사람을 위한 사랑과 관심을 표현하는 가장 강력한 방법은 그 사람을 위해 기도해 주는 것이다. 우리가 기도를 이해하거나 기도가 이루어지기를 믿는 강한 믿음이 있느냐 하는 것과는 상관없이 우리가 기도할 때 우리 주위에 있는 사람들은 놀랍게 달라질 것이다. 30여 년간 사람들을 위해 기도하자고 했을 때 거절한 사람은 아무도 없었다. 인간의 마음에는 하나님과 연결되기 원하는 부르짖음, 기도에 대한 갈망이 있는 것이다.

상처받기 위한 모험

우정은 사람이나 공동체를 구할 수 있다. 그러나 위험이 따른다. 바위같이 견고한 우정을 위해서는 자신이 상처받을 것을 각오해야 하며 진실해야 한다. 행복할 때 우리는 좋은 것만을 보게 된다. 그러나 그렇지 못한 시기가 찾아오기도 한다. 친구는 실수로 충돌한 것을 극복하도록 도와주며 우리가 말이나 행동으로 범한 어리석은 일들을 덮어 주는 사람이다.

당신을 배신한 친구가 있는가? 나는 있다. 언젠가 나는 그 친구에게 화를 내며 말했다. 그것은 그 친구가 나를 받아줄 것이라고 전적으로 믿었기 때문이었다. 내가 그 친구에게 한 말은 감정적이었고 걸러지지 않은 말들이었다. 그러나 나는 그 친구가 그 말을 한 귀로 듣고 한 귀로 흘렸을 것이라고 믿는다. 사실 나도 과거에 그 친구가 나에게 한 말을 그런 식으로 흘려버려야 했던 적이 있었다. 모든 사람에게는 기분 좋은 날도 있고 안 좋은 날도 있다. 기분이 안 좋거나 행복하지 않을 때 던진 말을 마음에 담아두는 것은 친구를 대하는 좋은 태도가 아니다.

내 친구는 내가 홧김에 한 말을 한 마디 한 마디 기억하고 있었다. 그 당시 나는 나도 모르게 친구의 마음속에 앙금을 만들어내고 있었던 것이다. 사고 후 내가 가장 연약해 있을 때 내 말은 다시 내게 돌아와 나를 아프게 했다. 내가 던진 말이 나를 어리석고 가식적인 사람으로 만드는 무기로 사용된 것이다. 그것은 내가 친한 친구라고 생각했던 사람의 입을 통해 듣게 되었다. 내가 그런 실수를 하다니.

인간관계에서 상처받은 후 사람들을 신뢰하고 일상적인 대화 이상의 것을 나누게 되기까지는 시간이 걸렸다. 나는 그런 한두 가지 사건으로 인해 다른 친구에게도 마음을 열지 않는 것은 비극이라는 사실을 깨닫게 되었다. 우리는 다른 사람들과 대화하도록 만들어졌다. 그래서 공동체가 존재하는 것이다. 우리가 다른 사람들을 신뢰하지 못하면 우리 내부의 어딘가는 죽어간다. 그리고 우리는 다른 사람들과 연결될 수 없게 된다.

나는 비슷한 실수를 했기 때문에 그것이 얼마나 악영향을 끼치는지 알고 있다. 가끔 아내와 나는 지나간 묵은 문제들을 다시 꺼내서 서로를 공격한다. 나는 상대방을 공격하는 비밀스러운 정보의 덫에 빠져들게 된다. 그러나 나는 그것이 옳거나 최선이라고 생각하지 않는다.

나는 특별히 친절한 사람이 실제로 옳고 그름을 잘 분별하는 사람이라는 것을 발견했다. 특별히 선하고 진실한 사람은 옳고 그름에 대해 민감하다.

> 어떤 사람에게 편안함을 느낄 때, 말로 표현할 수 없는 그 위안감. 나의 생각을 저울질해 볼 필요도 없고 말하기 전에 조심해야할 필요도 없이 다 쏟아도 되는 그 편안함, 나부랭이 겨와 낟알을 동시에 쏟아내도 되는 방만한 안도감. 믿음직스러운 손이 알아서 귀한 낟알은 챙기고, 나부랭이는 친절의 숨결로 다 날려 보낼 것이라 믿기에.
>
> – 조지 엘리어트

관계를 깨지 않으려면 상대방에 대한 불만을 잊어버리는 방법을 알아야 한다.

상처를 다루는 것은 어려운 일이다. 어떻게 보면 "살면서 배운다"는 말이 전적으로 맞는 말이다. 누군가가 우리에게 상처를 주면, 우리는 덕분에 지혜로워져서 다시는 그런 상처로 이끄는 덫에 빠져들지 않게 된다. 예를 들어 한 친구가 신뢰를 저버리면 당신은 그 친구를 다시는 예전처럼 신뢰하지는 않을 것이다. 그것은 그 사람이 이미 인간관계의 미숙함을 보여 주었기 때문이다. 그러나 시간이 많이 지나고 그 사람이 성숙한 인간관계 기술을 배웠을 거라고 믿는다면 그 사람과 더 깊은 것을 나누어도 안전할 것이라고 느끼게 된다. 관계는 모험을 기초로 한다.

용서에 관한 교훈

더 좋은 친구가 되는 것은 용서를 더 잘하는 사람이 되는 것이다. 비록 나도 이 책을 읽고 있는 당신처럼 여전히 이 문제로 고민하고 있고 또, 이 문제의 전문가도 아니지만, 지난 몇 년간 내 경험을 통해 얻은 교훈을 나누고자 한다. '용서'라는 주제는 매우 힘 있는 것이므로 나는 매일의 삶에서 그 교훈을 어떻게 적용해야 할지 새롭게 깨달아가고 있다.

> 비난의 법칙은 당신의 부정적인 감정을 단지 30초 안에 나누어야 한다는 것이다. 그 시간이 지나면 그냥 넘어가라.
>
> — 켄 블랜차드

용서하는 것은 과거의 불만을 다시 끄집어낼 권리를 포기하는 것이다. 그것은 용서하고 잊어버리는 원리와는 다르다. 우리의 기억에는 과거의 상처받은 사건들이 지워지지 않고 기록되어 있어서 그 경험을 잊는다는 것은 불가능하다. 우리는 아주 건강한 방법으로 한 사람을 용서하고도 상처의 기억을 지니고 살 수 있다.

여러 가지 면에서 상처와 관련된 사건을 기억하는 것은 사실 좋을 수 있다. 기억을 통해 우리는 과거로부터 배우며, 더 나은 미래를 향해 나아갈 때 그와 같은 실수를 반복하지 않게 된다. 우리는 어릴 때 겪은 부정적인 경험이나, 미숙함, 대화기술의 부족으로 인한 어려움, 표현하지 못했던 기대, 우리의 감정에 상처를 준 경험의 원인들을 기억할 수 있다.

그러나 우리가 상처에만 머물러 있다면 우리는 다른 사람을 진심으로 용서하지 못한 것이다. 용서는 우리의 감정을 치유하기 위해서 다른 사람들에게 너그러워지는 방법을 택하는 것이다. 그것은 받을 자격이 없는 사람을 용서하는 것이다. 우리가 '먼저 주는 것'이 용서다.

우리는 상처와 관련된 부정적 감정들이 내면에서 곪지 않도록 용서해야 한다. 나는 속에 염증이 생기는 것이 어떤 것인지 알고 있다. 폴란드에 강사로 갔다가 위염에 걸려 넉 달 이상 고생한 적이 있었다. 열이 나고 온몸에 힘이 빠졌다. 이런 증상은 우리가 용서하지 못할 때 일어나는 증상과 비슷하다. 이것은 우리의 영혼에도 영향을 미친다. 불면증에 시달리며 결론이 날 때까지 감정의 구덩이에서 헤어 나오지 못한다.

그렇다면 과거에 우리에게 상처를 준 사람들을 어떻게 용서할 수 있을까? 먼저, 상황을 바로 잡기 위해 즉시 그 사람을 찾아가라. 당신에게 잘못한 사람이 그 문제를 갖고 찾아오기를 기다리지 말라. 당신이 기다리면 갈등은 결코 해결되지 않는다. 둘째, 그 사람이 아니라 당신 자신을 위해 용서하라. 어떤 면에서 보면 용서는 진정한 이기적인 행위다.

우리 어머니는 새 아버지와의 결혼생활이 깨진 후 새 아버지를 용서하지 못해 몇 년간 힘들어 하셨다. 용서하지 못해서 오는 신체적 증상들이 어머니를 오랫동안 괴롭혔다. 그러던 어느 날 어머니는 돌파구를 찾으셨다. 어머니는 용서하기로 결심하셨다. 그 이후로 어머니는 평화를 누리게 되었다.

즐거운 용서

우리는 모두 용서의 문제를 지니고 있다. 당신의 문제는 무엇인가? 당신은 마음의 문제를 정직하게 다루기 원하는가? 그렇다면 오늘 당장 시작하는 것은 어떠한가?

당신이 자신의 감정을 무시하고 지나친다면 감정의 롤러코스터를 탄 사람 같이 될 것이다. 당신의 삶에서 감정 문제가 걸린 일이 생길 때에도 그냥 지나치게 된다. 결국 얽힌 감정을 해결하지 못하면 용서하지 못하는 사람이 되는 것이다. 당신은 용서를 습관화해야 한다. 당신은 용서하는 생활 방식으로 살아야 한다. 그것을 매일 실행하기 위해 새롭게 결심해야 한다.

성경은 "여러 가지 시험을 당하거든 온전히 기쁘게 여기라"[2]고 말한다. 이 말은 곧 '시련이 많고 용서해야 할 사람이 많다면 그것을 기쁨으로 여기라'는 말이다. 이것은 우리가 많은 관계를 맺고 있기 때문이다. 하나님은 우리 주위에 사랑해야 할 많은 사람들을 두셨다. 그래서 문제가 좀 복잡해질 수도 있다. 그러나 그것은 전화를 걸 친구도 없이 단조롭고 생동감 없게 사는 것보다 훨씬 나은 것이다. 나는 텅 빈 인생보다 복잡한 인생을 택하겠다.

각주

1. 브라이언 멕라렌(Brian McLaren), *A New Kind of Christian:A Tale of Two Friends on a spiritual Journey*(Hoboken,NJ:Jossey-Bass, 2001).
2. 야고보서 1:2

제10장 _ 친절하기 위해 죽다

　　　　　　내가 빈야드공동체교회의 담임목사로 부임했을 때 우리 교회는 전통적인 전도 방법을 사용하고 있었다. 2년 후 주일 예배에도 여전히 30명 가량이 참석했을 뿐이다. 그 시점에서 우리는 좀 더 적극적인 방법을 사용하기로 했다. 그것은 내가 '섬김의 전도법'이라고 부르는 것이다.

우리는 즉시 '섬김의 전도법'을 실천했고 우리 교회는 성장하기 시작했다. 그 시억의 여러 목사님늘이 우리 교회를 방문해서 우리가 어떤 일을 하고 있는지 살펴 보았고 자신의 교회에도 적용했다. 다른 교회 목사님들이 '섬김의 전도법' 비결을 물어보면 나는 기꺼이 알려드렸다. 나는 "시내에 있는 식당으로 갑시다!" 하고 대답했다.

목사님들은 우리가 사람들과 대화하기 위해 식당에 간다고 생각했지만 식당에 들어가서 내가 하는 일을 보고는 매우 놀라곤 했다. 나는 청소도구를 들고 식당 화장실로 향했다. 나를 찾아온 목사님들과 나는 30분간 화장실을 청소해 주었다. 그것이 '섬김의 전도법'이다. 우리는 더운 날 시원한 음료수를 나누어 주기도 하고, 쌓인 눈을 치워 주기도 하며, 집에 페인트칠을 해 주기도 했다. 또 쇼핑센터에서 크리스마스 선물을 무료로 포장해 주거나 세탁소에서 세탁기에 넣을 동전을 선물로 주기도 했고, 무료 세차 서비스도 실시했다. 그 지역을 섬기는 것은 전염성이 있었다. 나는 『자연적 전도』와 『101 전도법』이라는 책도 저술했다.

의료사고 후 사람들은 내게 아직도 친절의 힘이 세상을 바꾼다고 믿고 있냐고 물어본다. 나는 전혀 망설임 없이 그렇다고 말한다. 사실 지금 나는 어느 때보다도 친절의 능력을 강하게 믿는다.

섬김의 전도법(무료로 선물 포장해 주기)

씨를 뿌리면서

사고 후에 내가 경험한 큰 변화는 무엇인가를 손에 움켜쥐려는 생각이 전보다 약해진 것이다. 사고 전에 나는 너무 많은 것을 주다 보면 통제할 수 없게 될까봐 두려워했다. 나는 언제 주는 것을 그쳐야 할지 모르고 있다가 파산하게 될 것 같았다. 그러나 이제 주는 것은 통제할 필요가 없는 것이며 습관처럼 주어야 한다는 것을 깨달았다. 지금까지 나는 파산하지 않고 살고 있다.

나를 움직이게 하는 열정은 사람들이 하나님을 알도록 돕는 것이다. 사람들이 그리스도인들의 친절을 경험하게 될 때 마음이 열릴 것이라고 믿는다. 하지만 친절은 한 번 행했다고 되는 것은 아니다. 예수님은 씨를 뿌리러 나간 농부에 대해 말씀하셨다. 농부는 돌밭과 길가와 가시밭과 좋은 땅에 씨를 뿌렸다. 다양한 밭은 하나님의 사랑을 받아들일 준비가 어느 정도 되었는지 보여 주는 다양한 모습이다. 농부는 어떤 밭이 씨를 받아들일 가치가 있는지 판단하지 않았다. 농부는 어느 곳에나 후하게 씨를 뿌렸다.

본래, 나는 친절한 사람은 아니다. 그러나 나는 친절을 계발하는 방법을 지속적으로 발견하기 위해 눈을 크게 뜨고 살아왔다. 그것은 스티브의 친절이 아니라 하나님의 친절이다. 예를 들어, 때때로 나는 타코 벨(자동차를 타고 지나가며 차에서 내리지 않고 타코를 살 수 있는 곳이다. 타코는 멕시코 치즈와 양상추와 고기 등을 넣은 옥수수 빵이다-역자 주)을 지나간다. 그럴 때면 나는 타코를 파는 사람에게 뒷사람 것까지 사려면 얼마를 내야 하는지 물어본다(보통 4달러 정도다. 괜찮지 않은가). 나는 돈을 지불하고 뒷사람에게 작은 카드를 건네준다. 그 카드에는 '이것은 하나님의 사랑을 실제적으로 보여 드리기 위한 것입니다. 다른 의미는 없습니다'라고 써 있다. 카드를 받은 사람이 친절한 행위에 반응해서 전화하고 싶다면 언제든지 연락할 수 있도록 카드 뒷면에 교회 전화번호를 적어 둔다. 그리고 나는 그냥 떠난다. 나는 그 사람이 놀라는 표정을 보거나 고맙다는 말을 들으려고 기다리지 않는다(좀 우습지만 말이다).

나는 타코 벨이나 버거킹, 맥도날드 같은 패스트푸드점에 가면 그런 일을 곧잘 한다. 스타벅스에 가서도 그렇게 한다. "오늘은 어떤 음료를 주문하실 건가요?"하고 내 뒤에 서 있는 사람에게 묻는다. 질문을 받은 사람들은 종종 놀란 표정이다.

"왜 물으시죠?"

"제가 오늘 아침 기분이 좋아서 당신에게 커피를 사주고 싶거든요."

"괜찮습니다. 제건 제가 사야지요…"

사람들은 언제나 그렇게 반응한다.

"아닙니다. 제가 사겠습니다. 오늘 누군가에게 사 주고 싶은 마음입니다. 당신의 커피를 사겠습니다."

그러면 사람들은 보통 그쯤에서 허락한다. 그러면 나는 거기서 끝나지 않는다.

"받는 것보다는 주는 것이 훨씬 낫다고 생각합니다."

나는 그렇게 말한다. 그러면 사람들은 보통 이상한 표정을 짓는다.

"도대체 당신은 뭐하는 분입니까?"

"저는 그냥 주고 싶어 하는 사람입니다. 저는 많은 것을 받았기 때문에 다른 사람들에게 돌려주는 것입니다. 그것은 전염이 됩니다. 당신도 해 보십시오. 재미있을 겁니다."

그 사람이 호기심을 표현하면 나는 교회 전화번호가 적혀 있는 카드를 준다(당신이 카드를 준비할 때 전화가 자주 올 것이라고는 생각지 말라. 나는 전화를 받은 적이 거의 없다. 너무 염려하지 말라. 당신이 힘들 일은 없을 것이다).

내 것을 줄 때 나는 하나님의 친절을 누군가에게 보여 주는 것이다. 친절에 대해서는 불가사의한 것이 없다. 하나님이 나를 통해서 누군가에게 친절하신 것이며 그 친절을 받은 사람은 하나님의 사랑을 좀 더 알게 되는 것이다.

후하게 주는 마음, 십일조와 구제

나는 몇십 년 동안 십일조의 원리를 믿었다. 결혼한 이후 아내와 나는 항상 수입의 10분의 1을 우리가 섬기는 교회에 헌금했다. 그 원리는 우리의 재정에 말로 표현할 수 없는 긍정적인 힘을 주었으며 재정적으로 어려운 시기에도 우리가 빚을 지지 않고 살 수 있게 해주었다. 수입의 90%로 사는데도 100%로 사는 것보다 더 풍족하게 사는 것은 놀라운 일이 아닌가? 현대 수학으로는 설명할 수 없는 것이다.

아내와 나는 또 10% 이상을 구제헌금으로 지출했다. 우리는 위기에 처해 있는 사람 중 한 번 헌금해서 도움이 될 사람들에게 수입의 2-3%를 내놓곤 했다. 어떤 경우에는 우리가 반드시 지원을 해야 할 것처럼 마음을 뛰게 만드는 일에 헌금하기도 한다. 우리의 마음을 뛰게 하는 일은 교회를 개척하는 일이다. 당신도 어떤 특별한 일이나 어려움을 겪고 있는 특정인에게 헌금하고 싶은 마음이 강하게 들 때가 있을 것이다. 그러나 당신은 그 사람을 지원할 역량이 없다고 느낄 수 있다.

우리는 십일조와 구제를 시작하기 위한 쉬운 방법은 없다는 것을 안다. 우리는 사람들에게 두 발로 뛰어들라고 권한다. 25년 동안 우리는 수만 명의 사람들에게 십일조에 대해 도전했다. 나는 사람들에게 십일조를 하고 90일이 지난 후에도 십일조를 할 가치를 느끼지 못할 경우에는 십일조를 돌려주겠다고 말했다. 믿지 못하겠지만 25년 동안 십일조를 돌려 달라고 찾아온 사람은 한 사람도 없었다. 그렇게 십일조를 하게 된 사람의 수는 수천 명이 넘는 것 같다. 나에게는 이것이 십일조가 절대 실패하지 않는 훈련이라는 긍정적인 증거가 된다.

개인 경제에 관한 대부분의 책은 독자들에게 정기적으로 주라고 권한다. 그것은 경건 서적이나 일반 서적이나 마찬가지다. 나는 한 단계 더 나아가 우리의 수입에서 10분의 1을 먼저 드리자고 말하고 싶다. 이렇게 말하는 이유는 10%가 남을 때까지 기다리면 결코 십일조를 할 수 없음을 알기 때문이다. 나는 경험으로 그것을 알게 되었다. 십일조에 우선권을 두어야 한다.

그 외에도, 십일조는 정말 좋은 것이다. 우리 재정 문제에 관한 한 외부로 초점을 두는 것은 의미 있는 일이다. 우리가 십일조의 원리를 제대로 알고 하나님이 우리의 통장과 가계부를 관리하시도록 한다면 우리의 경제생활은 흥미진진하게 진행될 것이다. 그것은 확실히 고기를 잡을 수 있는 낚시터에 가는 것과 같다. 어떤 종류의 고기를 잡을 것인지, 얼마나 잡을지, 얼마나 큰 것을 잡을지 만이 문제되는 것이다.

하나님을 드러내는 친절

나는 로마서 2장 4절이 성경에서 가장 심오한 말씀이라고 생각한다. 로마서 2장 4절은 이렇게 말하고 있다. "네가 하나님의 인자하심이 너를 인도하여 회개하게 하심을 알지 못하여." 이 말씀은 나를 놀라게 했다.

나는 여러 해 동안 이 말씀을 묵상했고, '하나님의 인자하심(친절하심)'은 하늘에서 내려주시는 무언가를 언급한다고 해석했다. 그것은 하나님으로부터 내려오는 계시의 한 종류다. 나는 어느 날 운전하는데 갑자기 우리 마음에 하나님의 선하심을 깨닫게 하는 성령의 불을 주실거라고 생각했다. 아니면 기도하다가 하나님이 선하시다는 계시를 갑자기 몸으로 느끼고 하나님께 가까이 나가게 될 것이라고 생각했다. 또는 빌리 그래함 목사님 같은 분의 영감 있는 설교를 듣다가 갑자기 하나님의 선하심을 깨닫게 되리라고 생각했다. 그러나 어떤 경우도 하나님이 직접 "나는 선하다"라고 말한 것과 같은 깨달음을 주지는 못할 것이다. 나는 하나님이 매우 실제적인 분이라고 믿는다. 한 사람이 다른 사람에게 하나님의 이름으로 친절하게 대하면 그것은 하나님의 선하심을 보여 주는 것이다.

이 깨달음은 어떤 사람이 하나님의 사랑을 보여 주기 위해 무료로 세차해 줄 때 나에게 다가왔다. 그 사람의 행동은 처음이었으며 유일한 경우였으나 내게는 큰 충격을 주었다. 나는 그날 친절이 하나님이 우리에게 주시는 수직적인 것이 아니라 수평적인 것임을 알게 되었다. 친절은 한 사람으로부터 다른 사람에게 전달되는 것이었다. 한 사람이 다른 사람에게 친절할 때 하나님이 드러난다. 성경은 그런 일이 일어날 때 회개하고 싶은 열망을 갖게 된다고 말한다. '회개'라는 말이 좀 무섭게 들릴지 모르지만 사실 그 말은 우리가 삶의 방식을 바꾸어 예수님을 더 닮아간다는 것이다. 간단히 말하면 그 단어는 예수님처럼 되기를 갈망하게 된다는 것이다. 우리 중에 누가 예수님을 닮는 것을 원하지 않겠는가?

이 시대 기독교는 미국에서뿐만 아니라 전 세계에서 논란의 대상이 되고 있다. 나는 해외에서 살아본 경험이 있는데 그때 외국인들이 기독교를 어떻게 보고 있는지 알게 되었다. 흥미로운 사실은 예수님을 따르는 사람들은 구설수에 오르기도 하지만 이 세상의 모든 사람들은 예수님을 존경한다는 것이다. 기독교를 미워하는 극단주의 모슬렘도 예수님을 미워하지는 않는다. 그들은 예수님을 존경한다. 교회에 대해서 강하게 비판을 해도 예수님에 대해서는 그렇지 않다. 예수님은 전 세계적으로 온 인류에게 사랑받는 분이시다.

아마 두비 형제들은 1970년대에 그 사실을 가장 잘 노래한 것 같다. "예수님은 나와 잘 지내신다"(물론 예수님과는 '잘 지내는 것' 이상이지만 그것은 출발점이 된다). 성경에는 예수님이 만나는 모든 사람에게 선한 일을 행하셨다고 기록했다. 예수님은 여행 중에 만나는 모든 사람에게 습관처럼 선한 일을 행하셨다. 예수님은 이 세상에서 선하심과 친절함을 실현한 분이다. 당신은 예수님 같은 사람을 만난 적이 있는가? 나는 회복 단계에 있을 때 예수님 같은 사람을 몇 사람 만나게 되었다.

다시 한번

나에게 친절을 보여 준 사람 중 한 명은 첫 번째 병원에 시 민닌 중환자실 간호사였다. 그 간호사는 다른 간호사와는 다른 방법으로 나를 도와주었다. 그 간호사는 내 입장에서 생각해 주었다.

내가 온몸이 마비되어 가벼운 혼수상태에 있었을 때 누군가 나를 위해 해리 코닉 주니어의 크리스마스 캐럴을 틀어 놓았다. 나는 그것을 듣고 듣고 또 들었다. 아마 100번은 넘게 들은 것 같다. 나는 해리 코닉 주니어의 음악을 좋아했지만 100번을 들을 만큼 좋아하지는 않았다.

　그 간호사는 내가 그 음악을 지루해하지만 누구에게도 말할 수 없다는 것을 알아차렸다. 그래서 그 CD를 숨기고 크리스마스 캐럴이 아닌 다른 음악을 틀어 주었다(정말 다행이었다!). 그런 작은 친절은 나에게는 정말 큰 배려였다. 아무도 내 입장에서 생각해 볼 여유를 갖지 않았을 때 그 간호사는 달랐다.

　그 간호사는 냄새나는 내 이를 닦아 주는 특별한 친절도 베풀었다. 자신이 원하지 않으면 굳이 그런 일은 하지 않아도 되는 것이었다. 그 간호사는 예수님에 대해 호기심이 많았다. 그래서 예수님에 대해 많은 것을 물어보았고 나는 최선을 다해 대답하곤 했다.

　그 간호사가 보여 준 친절은 내가 고등학교 시절에 경험했던 친절을 연상케 했다. 그 경험은 내게 청년기의 중요한 전환점이 되었다. 나는 포에닉스에서 열리는 앨리스 쿠퍼 공연을 보러 갔었다. 당신이 30세 이하라면 아마 앨리스 쿠퍼를 모를 것이다. 1970-80년대에 인기 절정이었던 록 가

수 앨리스가 있었다.

공연이 끝나고 확성기에서 나오는 음악을 들으며 공연장을 떠날 때 주차장에서 선해 보이는 '기독교 단체' 사람들과 마주치게 되었다. 그 단체의 자동차는 밝은 색에 흔하지 않은 꽃무늬가 그려져 있었고 성경구절도 써 있었다. 그 사람들은 기독교 메시지가 들어 있는 만화책을 나누어 주고 있었다. 그들은 책값을 요구하지 않았다. 만화책은 완전 공짜였다. 그 단체 사람들의 외모가 나와 비슷하다는 사실에 나는 친근감을 느꼈다. 모두 긴 머리를 하고 있었다. 그러나 미소는 나와 달랐다. 그 미소는 내면에 무엇인가 다른 것이 있음을 보여 주었다. 그것이 내 마음을 움직였다. 그 만화책 내용이 어땠는지는 기억이 나지 않는다. 그러나 그 사람들이 나에게 무료로 선물을 주었다는 것은 확실히 기억할 수 있다. 나는 그 사람들이 돈을 벌기 위해 그런 일을 하는 것이 아님을 알 수 있었다. 그 사람들은 정말 사랑스러운 사람들이었다.

내가 잠시 멈춰서 말을 걸었는데 그 사람들은 내가 원하는 만큼 얼마든지 오래 대화해 줄 수 있을 것 같았다. 물론 이야기가 하고 싶었던 것은 아니었다. 나는 그 사람들이 정말 진실한지 알아보고 싶었다. 나는 그때 받은 공짜 선물을 통해서 하나님의 사랑을 강력하게 느꼈다(나는 그 사람들이 앨리스 쿠퍼를 만나서 만화책을 주었는지 궁금하다. 지금 앨리스 쿠퍼는 하나님을 믿고 있다).

치유하는 친절의 능력

친절은 이 세상에서 가장 위대한 치유책이다. 친절은 사람들의 삶에 적극적으로 사랑을 전달한다. 친절은 우리를 바른 길로 안내하며 편중된 생각을 바꾸기도 한다. 친절은 전염성이 있다.

아내와 나는 지난 몇 년간 덴마크 코펜하겐의 한 교회를 도울 수 있었다. 그 교회는 복음을 전하기 위해 적극적인 친절을 사용했고 사람들의 마음을 감동시킴으로써 교회에 전혀 관심이 없던 사람들의 주목을 받고 있다.

그 교회 성도들이 전도한 사람 중에 피터라는 젊은 친구가 있었다. 한번은 교회 사람들이 집집마다 다니며 전도하면서 전구를 나누어 주었다. 그들이 피터의 집 문을 두드렸을 때 피터는 자살을 생각하고 있었다. 바로 그날 피터는 자살하려고 했던 것이다. 피터는 오랫동안 사귄 여자 친구와의 결별로 인해 수렁에 빠진 상태였다. 피터는 치유가 필요했다.

피터는 어릴 때 교회를 다녔지만 어른이 되어서는 교회를 떠나게 되었다. 덴마크 사람들 중에는 피터와 같은 경우가 많다. 다른 종교를 가지려고도 했지만 진실한 무엇인가를 주지 못하는 것 같아 그만두었다. 그런데 그날 따뜻한 마음을 가진 사람들이 그 집에 찾아가서 친절의 선물을 나누어 주었다. 그때 피터는 교회에 대해 다른 시각을 갖게 되었다.

몇 달 후에 피터가 길을 가다가 교회 사람들이 물을 나누어 주고 있는 것을 보았다. 그때 피터는 진지한 관심을 보였다. 피터는 물을 나누어 주던 사람들이 어떤 사람인지 궁금해서 토요 모임에 나오게 되었다. 피터는 그날 진정한 즐거움을 맛보게 되었다.

피터가 교회를 방문한 지 1년이 넘었다. 그 후 피터는 하나님을 인격적으로 만났고 하나님과 깊은 관계를 맺게 되었다. 이제 그 도시에서 가장 풍성하게 친절을 베푸는 사람이 되었다. 피터는 하나님이 주신 친절을 통해 치유를 경험하게 되었고 이제는 하나님의 친절을 베푸는 것이 삶의 원동력이 되었다.

범퍼 스티커

언젠가 '생명을 택하라'는 낙태 반대운동 범퍼 스티커를 본 적이 있다. 나는 그 메시지가 다양하게 해석될 수 있다고 생각한다. 나는 그 메시지를 다른 사람에 대해 최선의 것을 생각해야 한다는 의미로 받아들였다. 다른 말로 하면 우리가 누군가의 생명과 죽음을 선택할 수 있을 때 죽음이 아닌 생명을 선택해야 한다는 것이다.

모든 사람은 생명을 주거나 생명을 앗아갈 수 있다. 우리 몸은 생명을 주거나 앗아가는 표시를 내보낸다. 우리의 말과 감정은 그런 역할을 하는데 특히 눈은 강한 표시가 된다. 중간지대는 없는 것 같다. 우리는 사람들을 좌절시키거나 격려할 수 있다. 우리는 이웃을 세워 주거나 무너뜨린다.

그렇기 때문에 다른 사람에게 최선의 것을 생각해 주는 것은 매우 중요한 일이다. 결혼식에서 자주 언급되는 고린도전서 13장의 말씀이 있다. "사랑은 모든 것을 믿으며." 사랑은 어떤 상황에서든지 상대방의 최선의 것을 믿는 것이다. 우리가 다른 사람의 최선의 것을 믿을 때 우리는 그 사람에게 사랑과 하나님의 생명을 주는 친절을 보여줄 수 있다.

1980년대 미국의 여러 지역에서는 불특정 대상을 향한 친절 운동이 일어났다. 미국 전역에서 '뜻하지 않은 친절!

누구에게나 친절과 선행을 베푸세요!'라는 범퍼 스티커가 날개 돋친 듯이 팔렸다. 그 범퍼 스티커는 미국 전역의 주요 도시에서 늘어나고 있는 설명할 수 없는 폭력에 대한 역반응이었다.

거의 동시에 나는 '섬김의 전도법'을 신시내티에서 실시하고 있었다. 나는 별로 친절하지 않은 도시에서 낯선 사람을 향해 친절과 선행을 보여 주는 팀을 이끌었다. 우리의 사명은 200만 명이 사는 도시에서 친절한 행위를 통해 낯선 사람을 이웃으로 만들고 그냥 알던 사람을 친구로 만드는 것이었다. 우리는 그 도시의 심장부에 들어가서 섬기기 위해 움직였다.

그 두 가지 운동은 각각 일어난 것이었다. 그 두 가지 운동은 책으로 출판되기도 했고 악평을 얻기도 했다. 그러나 「자연적 전도」는 나온 지 10년 동안 12만 부가 팔렸다. 그리고 이미 6개국 언어로 번역이 되었으며, 번역이 진행되고 있는 나라도 있다.

와플 하우스에서 춤을

명성이란 것은 우리가 지닌 중요한 모든 것을 의미한다.

명성은 삶에서 우리를 앞서 가기도 하고 우리가 사라질 때 남는 것이기도 하다. 우리가 사람들의 곁을 떠날 때 사람들이 우리를 잃은 것을 슬퍼할 수 있는 사람이 되어야 한다. 직장을 떠나거나 살던 도시를 떠날 때 사람들이 우리를 그리워하기를 열망할 필요가 있다. 나는 이 세상을 변화시키기 위해 친절의 힘을 믿고 따르는 사람이다. 친절은 음악일 수도 있으며 도넛일 수도 있으며, 춤을 추는 것일 수도 있다. 내 얘기를 들어보라.

매년 크리스마스이브가 되면 우리 교회는 가족끼리 모이지 못하고 그날 밤에도 일해야 하는 사람들을 찾아가는 전례가 있다. 작년 크리스마스 때 우리는 도시의 500여 군데를 찾아다녔다. 소방서, 응급실, 경찰서, 주유소, 호텔, 모텔, 식당, 알코올중독 재활치료센터, 병원 등을 방문했다.

우리는 5-10명(일반적인 소그룹 멤버의 수)으로 그룹을 구성했다. 그룹들이 지정된 장소에 도착하면 일하는 사람들에게 따끈따끈한 도넛을 선물로 주며 크리스마스 캐럴을 불러주고, 기도를 해주곤 했다. 캐럴은 가끔 거절당하지만 기도는 그렇지 않았다.

크리스마스이브 방문 행사 중에 한 그룹은 와플 하우스라는 식당에 들렀다. 그룹이 친절을 베푸는 방법은 간단하다. 그룹의 반은 식당 뒤로 들어가서 설거지하는 사람들을 잠시 쉬게 하고 대신 설거지를 해 준다. 그룹의 나머지 사람들은 식당 앞쪽으로 가서 손님 중에 함께 춤을 출 수 있는 사람이 있는지 알아본다. 그 그룹은 크리스마스 이브에 혼자 저녁을 먹고 있는 손님들의 기분이 별로 좋지 않다는 것을 파악했던 것이다.

설거지는 한 시간 정도 걸렸다. 식당에서 일하는 사람들은 우리의 도움에 감격했다. 그 사람은 그것이 진정한 크리스마스 선물이라고 말했다. 식당 앞으로 간 그룹은 사람들의 기분이 좋아지고 감정적으로 살아나는 음악을 들려주었다.

음악을 틀고 난 후에는 사람들에게 식탁을 치우게 하고 춤을 출 수 있도록 준비했다. 식당에 있는 사람들은 처음에는 주춤하더니 나중에는 거의 모든 사람들이 일어나 춤을 추게 되었다. 그것은 신시내티의 진정한 축제였다. 와플 하우스에 있던 사람들은 한 사람도 빼지 않고 춤을 추었다.

그 그룹이 떠날 때 모든 사람들은 한 목소리로 외쳤다.

"빈야드공동체교회 사람들! 내년에 또 봅시다!"

그 그룹은 언제 자기들이 내년에 또 그 식당에서 만날 것에 동의했는지 어리둥절했다.

한 주 후에 나는 한 심리상담가로부터 전화를 받았다. 상담가에게는 두 명의 환자가 있었는데 두 사람이 서로 아는 사이는 아니었지만 크리스마스이브에 우연히 둘 다 와플 하우스에 있었다는 것이다. 그 두 사람도 결국에는 춤을 추게 되었다고 한다.

"죄송합니다. 우리가 춤을 추게 했는데요."

나는 뭔가 안 좋은 일이 생긴 것이라고 생각하고 말했다.

"아닙니다. 좋은 일이 생겼습니다. 그 환자들은 연말이면 우울증이 심했는데 올해는 상태가 아주 좋습니다. 정상보다 더 좋은 상태입니다. 이제 그 환자들의 약을 끊어도 될 것 같습니다."

심리상담가는 이렇게 말하고 잠시 침묵하더니 다시 말을 꺼냈다.

"질문이 있는데요. 그 교회에서는 일요일 아침에 음악을 틀고 춤을 추게 하나요?"

나는 정말 현실적인 사람이다. 그때 내가 답할 수 있었던 것은 "아, 아직은 아닌데요!"였다.

제11장 _ 더 좋은 이웃이 되기 위해 죽다

1985년의 신시내티는 야구 게임을 할 수 있는 게임기 외에는 갖고 놀 것이 별로 없던 때였다. 신시내티에는 활기를 불어넣을 필요가 있었다.

1985년 신시내티 고관들과 장인들은 이스트 5번 거리의 콜롬비아 광장(현재는 치키타 광장)에 모여 '신시내티 이야기'라는 제목의 화려한 작품을 설치했다. 그 작품의 높이는 5.5미터나 되었다. 조지 수가맨이 반사하는 분수 속에서 솟아오르는 46조각으로 이루어진 금속 작품을 제작했다.

1985년에는 또 분수 광장에서 서쪽으로 두 블럭 떨어진 곳에 챠바드와 콩그리게이션 루바비치가 9개의 촛불탑을 세워 하누카 축제 때 불을 밝혔다.

분수대는 신시내티의 상징적인 중심지다. 그곳에서 촛불탑을 볼 수 있는 것은 공휴일의 전통이 되었다. 그것은 그 지역이 다시 부상하고 있다는 긍정적인 표시였다. 1985년에는 또한 래리 본호스가 신시내티의 시민 오케스트라에 지휘자로 부임했다. 그 오케스트라는 요즘 예술회관, 공원, 교회 등에서 연주하고 있다. 이제 이 도시에 음악이 울리는 것이다.

이러한 일반적인 내용 자체는 별 의미가 없지만 그것은 신시내티의 잠재적인 공동체 정신을 우러나게 한다. 아내와 내가 그 해에 이 도시에 도착했을 때 우리는 그 정신을 찾기 시작했다. 우리는 의도적으로 교회 이름에 '공동체'라는 단어를 넣었다.

의도적인 이웃

당신에게는 가까이 사는 이웃이 있을 것이다. 지금 당장은 이웃이 없다 해도 언젠가는 동네 사람들과 만나게 될 것이다. 그것은 자연스러운 일이다.

다른 사람과 관계 맺는 것을 피할 수 없다면 당신은 어떤 이웃이 될 것인지를 선택해야 한다. 아내와 나는 오래 전에 의도적인 이웃이 되기로 결정했으며 우리는 그 목표를 달성하기 위해 여러 가지 방법을 찾아 보았다.

나는 커피를 매우 좋아한다. 그래서 어디를 가든지 커피를 마신다. 내 이웃들은 나를 만나기 전에는 커피를 좋아하지 않았지만 나를 만난 이후에는 커피 전문가가 된다. 나는 특히 에스프레소를 좋아한다. 커피를 마시는 데는 두 가지 방법이 있다. 서서 마시거나 앉아서 마시는 것이다. 커피는 뜨겁게 마시거나 차갑게 마신다. 커피는 대단히 사교적인 차다. 내가 누군가에게 커피를 한잔 대접하면 나는 좋은 이웃이 된다. 자바산 커피를 대접하면 내 우정의 안테나는 더 높아지고 관계는 더 좋아진다. 나는 커피를 마시며 수다를 떨고 울고 웃으며 이야기를 듣는다.

커피가 효과가 없을 때에는 야외 욕조를 사용하기도 한다. 아내와 나는 몇 년 전에 이웃과 의도적으로 사귀기 위해 야외 욕조를 설치했다. 나는 그것을 뒷마당의 데크(집 주변을 따라 길게 마당보다 한 단 높게 설치된 곳-역자 주)보다 낮게 설치해서 사람들이 쉽게 들어갈 수 있도록 만들었다. 따뜻한 차와 긴장을 풀어 주는 환경과 마음을 날래주는 음악은 어디에서나 환영받는다. 이런 것들은 사람들이 마음을 열고 대화하게 한다.

우리가 현재 살고 있는 이 집을 산 이유는 바로 풀장 때문이었다. 우리는 풀장이 친구와 이웃을 끌어당기는 자석이 되리라고 생각했다. 아니나 다를까, 그 풀장은 우리 집을 미니 YMCA(기독교 청년회)가 되게 했다. 여름에는 매일 사람들이 북적거렸다.

우리는 저절로 사람들이 우리에게 올 거라고 기대하지 않았다. 아내와 나는 우리 강아지를 데리고 아침저녁에 산책을 나간다. 우리 강아지는 '스타워즈'에 나오는 외계인같이 생겼기 때문에 자연스럽게 사람들의 시선을 끈다. 강아지는 사람들이 멈춰 서서 우리 부부에게 마음 문을 열게 한다.

요즘 우리는 길 건너에 사는 이웃사람과 특별한 관계를 맺고 있다. 그 이웃과 우리의 공통점은 캘리포니아에서 살았다는 것이다. 그들은 작년에 이곳으로 이사 왔으며 우리와 함께 있는 것을 즐긴다. 그들은 종종 저녁 모임을 열어 참석한 사람들에게 그들이 만든 물건을 팔곤 한다. 우리는 그들의 사업을 돕기 위해 그 모임에 참석한다. 그리고 한두 가지 물건을 반드시 구입한다.

사고를 당하기 전에는 물건을 파는 모임은 가지 않았다. 시간 낭비라고 생각했기 때문이다. 혹시 갔더라도 물건을 사지는 않았을 것이다. 그런 방법의 마케팅은 내 타입이 아니었다. 그러나 지금은 달라졌다. 좋은 이웃이 되기 위해서는 관계를 맺는 데 시간과 돈을 투자해야 한다는 것을 깨달았다. 예를 들면 나는 이웃이 모임을 주선할 때 그들을 격려해 준다. 그것이 그들에게 중요하다면 이웃인 나에게도 중요한 것이다. 이웃이 중요한 또 다른 이유가 없어도 그들은 중요하다. 이웃의 자녀가 피아노 레슨을 받는다면 그 자녀의 작은 연주회에 참석해서 서투른 '젓가락 행진곡'이라도 들어줄 수 있는 것이다.

이웃을 전도하기 위해 아내와 나는 우리 지하실을 비디오 극장으로 만들기로 결정했다. 우리는 지하실을 개조하기 위해 오랫동안 저축했다. 멋있는 영화를 보며 파티를 여는 것은 사람들을 모으는 좋은 이유가 된다. 우리는 이웃을 즐겁게 할 수 있는 장소를 마련했다. 그것은 효과가 있었다. 사람들은 계속 우리 집을 찾아왔다.

내가 죽었다가 살아난 후 이웃과의 우정은 나에게 더 중요한 것이 되었다. 여러 해 동안 우리 가족과 친했던 이웃에 대해 생각할 때면 유난히 기억이 나는 한 가족이 있다. 그 가족은 우리와 함께하는 아주 좋은 이웃이었다. 그 이웃은 우리 아들 잭에게도 친절했다. 우리는 자녀를 서로 번갈아 가며 돌봐 줄 정도로 서로 도와주고 싶어 했다. 그들은 우리를 위해 있었으며 우리는 그들을 위해 있었다.

그들로 인해 약간 언짢았던(동시에 우스웠던) 것은 그들이 우리를 회심하려 했던 것이다. 그들은 중서부의 극단적인 몰몬교도였다. 미국의 서부에 살면서 나는 대부분의 헌신된 몰몬교도들이 유타 주나 애리조나 주에 살지 않고 오하이오, 인디애나, 미주리 주에 살고 있다는 것을 알게 되었다.

나는 몰몬교도들을 존중한다. 우리 친척 중에도 몰몬교도가 있다. 하지만 나는 그 이웃에게 내가 개신교 교회 목사라는 것을 강조했다. 하지만 그 사실이 그들의 열정을 가라앉히지는 못했다. 그들은 종교적인 명분으로 들떠 있었다. 우리 가족이 그 지역을 떠난 지 여러 해가 지났지만 우리는 정기적으로 연락하고 있다. 최근에는 아이들의 사진을 동봉한 편지를 받았다. 좋은 이웃은 여러 해를 두고 관계를 유지한다. 나는 좀 더 의도적으로 좋은 이웃이 되고 싶다.

이웃을 향해

요즘은 이웃과 오가는 것도 쉽지 않다. 바로 옆집을 방문하는 일도 거의 없다. 건너편에 사는 사람들에게 인사한 것이 언제인가? 당신은 그 사람들의 이름을 알고 있는가?

우리는 모두 자기 자신에게만 너무 몰입해 있다. 저술가이며 미래학자인 팝콘은 그런 현상을 '코쿠닝 현상'이라고 부른다. 우리는 자신의 성에 머무르려는 경향이 있다. 우리는 방해받고 싶어 하지 않는다. 사회적인 친분을 쌓는 것을 피곤해 한다.

우리 할머니 시절에만 해도 에어컨이 없어서 여름이면 사람들은 시원한 밖에 앉아서 서로를 자연스럽게 알게 되었다. 요즘은 집 앞에 현관도 없다. 이웃에서 비행기 사고가 나거나 심각한 재앙이 닥치지 않는 한 사람들은 자신을 지키고자 한다.

아내와 나는 달력의 빨간 날을 이웃을 모이게 하는 구실로 삼고 있다. 예를 들어 할로윈데이에 우리는 항아리 안에 불을 지펴서 동네 길 끝에 놓는다. 그러고는 모든 장식물을 갖고 나온다. 아이들이 좋아하는 프로그램을 잘 못해서 그런지 사탕 받으러 오는 아이들은 많지 않았다. 어른들은 가벼운 마음으로 나와서 여러 시간 담소를 나누게 된다. 오늘날 우리는 함께 있을 이유를 마련해야 한다. 이웃들과 함께 하는 시간을 의도적으로 계획하지 않으면 결코 그들을 알지 못하게 될 것이다.

우리는 모두 깊은 관계를 맺을 사람이 필요하다. 우리는 주위 사람들과 지속적으로 관계를 맺는 기술을 개인적으로 계발할 필요가 있다. 예수님은 선한 이웃이 되는 것을 강조하셨으며 선한 이웃이 어떠한 것인지 보여 주셨다. 예수님은 모두에게 따뜻한 분이셨다. 예수님은 사람들의 이름을 기억하셨다. 예수님은 사람들을 만날 때 격려의 말을 하셨고 또 그들의 삶에서 결코 잊을 수 없는 말씀도 하셨다. 예수님은 그들을 위해 일하셨다. 예수님과 열두 제자들은 주위 사람들에게 끊임없이 친절을 베푸셨다. 예수님과 제자들은 굶주린 자에게 여러 번 음식을 주었고 수천 명에게 음식을 제공했다. 물론 그런 행위는 기적인 경우가 많았다. 그러나 잊지 말아야 할 것은 기적도 하나님의 놀라운 능력을 보여 주는 친절한 행위라는 것이다.

십계명은 크게 두 부분으로 나뉜다. 전반부는 하나님께 어떻게 해야 할지, 후반부는 친구와 이웃을 어떻게 대해야 할지에 대해 말한다. 예수님을 공격한 사람들은 십계명 중 하나님께 어떻게 해야 하는지에 대한 것에만 초점을 맞췄다. 그들은 이웃에게는 관심이 없었다. 그러나 예수님은 인간을 사랑으로 대하는 것도 중요한 일임을 강조하셨다. 예수님은 이웃을 사랑하지 않으면 모든 것을 지키지 않는 것이라고 말씀하셨다.[1] 예수님은 하나님의 진리를 삶에 적용하셨다. 예수님은 이상 속에서만 살지 않으셨다.

사고 후에 나는 예수님이 강조하신 계명-이웃을 사랑하라는 계명-을 기억하라고 부름 받았음을 깨달았다. 사고 전에 나는 일에 빠져서 사람들과 교제하는 것이 중요하다는 사실을 잊고 살았다. 사람들이 어떤 존재인지 잊어버리는 것은 매우 쉽다. 그러나 그렇게 잊고 사는 것은 성공한 삶이 아니다. 뛰어난 능력을 발휘하며 주어진 것을 누리며 바르게 산다 해도 사람을 사랑하지 않는다면 완전한 삶을 사는 것이 아니다.

예수님은 우리가 말하고 행한 모든 것을 심판하실 것이다. 예수님은 우리가 행한 일의 동기를 근거로 우리가 한 일을 판단하실 것이다. 예수님은 죄인이든 성자든 모두 심판하실 것이라고 약속하셨다.[2] 겉으로 보기에는 모든 것을 바르게 행한 사람들도 예수님 앞에서는 진정한 모습이 드러날 것이다.

우리가 비록 겉으로 보기에는 올바르게 보여도 마음속에 그릇된 동기가 있을 수 있다. 얼마 전에 시내에 나갔다가 어떤 사람이 "죄, 예수, 지옥"이라고 소리 지르는 것을 듣게 되었다. 나는 그 사람을 '확성기 사나이'라고 부르기로 했다. 그 사람은 소리만 지르는 것이 아니라 자신의 메시지에 반응하지 않으면 오늘밤 다 죽을 것이라고 협박하기도 했다. 그러나 아무도 그 사람의 말에 귀 기울이지 않았다. 아무도 그 메시지를 받아들이지 않았다. 그 사람은 좋은 이웃이 아니다. 오히려 나쁜 이웃이다. 그 사람은 사람들을 하나님의 사랑으로 돌아가게 하려고 충격요법을 사용하고 있었다. 그러나 그것은 사람들을 몰아내는 결과를 가져왔다.

확성기 사나이가 길가에서 소리 지르는 것을 보면 나는 그 사람이 성경을 한 번이라도 읽었는지 의심이 들 때가 있다. 성경은 우리가 한 번도 본 적이 없는 하나님을 사랑하려면 먼저 자기 옆에 있는 사람들을 사랑해야 한다고 말한다.[3] 사람들을 하나님으로부터 쫓아버리는 사람들은 그 말씀을 잘 이해하지 못했기 때문이다. 그러나 불행하게도 나 또한 비록 확성기를 사용하지는 않았지만 나름대로의 방식으로 사람들을 하나님으로부터 쫓아내고 있었던 것 같다.

우리는 다른 사람들에게 걸림돌이 되는 확성기 사나이처럼 다른 사람의 기분을 생각하지 못하는 사람이 되어서는 안 된다. 좋은 동기로 그렇게 했을 수도 있지만 사실은 사람들이 예수님의 사랑을 경험하는 것을 방해하고 있는지도 모른다.

신시내티의 처음 보는 아이들

친절은 친절을 낳는다. 당신이 대접받기 원하는 대로 다른 사람들을 대접하라. 당신이 친절을 보여줄 때 그 친절은 당신에게 다시 돌아오고 모든 공동체에 영향을 줄 것이다.

나는 개인적인 차원과 공동체적인 차원에서 행동으로 보여지는 친절의 증거를 경험했다. 20년 동안 빈야드공동체교회와 다른 교회들은 신시내티에 친절을 베풀었다. 그동안 도시는 아주 많이 변했다. 우리가 사랑과 선행과 친절을 보이기 위해 큰 행사(더운 날 시원한 물을 나누어 주거나 화장실 청소해 주기 등)를 시작하기 전에 신시내티 사람들은 냉담했다. 신시내티 사람들과 친구가 되는 것은 쉬운 일이 아니었다. 신시내티에서는 "저 골목에 사는 처음 보는 아이가 여기서 10년을 살았대!"라는 농담을 한다. 이런 냉담 속에서는 인종 차별로 인한 폭동도 일어날 수 없을 것 같았다.

이제 이 도시에는 새로운 자극이 생겼다. 2004년에 '살기 좋은 마을 장려회'는 신시내티를 미국의 살기 좋은 10대 도시 중 하나로 선정했다. 수상식이 성대하게 열렸다. 《에스콰이어》 잡지는 신시내티가 움직이고 있다고 적었다.

이제 이 도시의 신신한 분위기를 즐기기 위해 많은 사람들이 찾아온다. 이 분위기를 묘사하기는 어렵지만 느낄 수 있다. 이 도시는 새로운 활력을 지니고 있다. 그렇게 만든 것이 무엇이겠는가? 분명히 내가 이 도시에 도착했을 때와는 많은 것이 달라졌다. 내가 확실히 아는 것은 하나님께서 빈야드공동체교회와 주변의 다른 교회들과 수천 명의 그리스도인들을 사용하셔서 변화를 만드는 플러그를 꽂게 하신 것이다. 우리는 선한 이웃이다. 그래서 우리 동네가 움직이고 있는 것이다.

각주

1. 마가복음 12:31, 38-40
2. 마태복음 19:28-30
3. 요한일서 4:20

제12장 _ 할 말을 알기 위해 죽다

내가 회복되지 못할 것 같은 상태로 병원에 있었을 때 사람들은 나를 방문해서는 위로하기 위해 노력을 했던 것 같다. 그러나 사람들이 남긴 거의 대부분의 말은 나에게 의미가 없었고 위로가 되지 않았다. 남자들은 대부분 게임에서 지고 있는 팀에게 코치가 라커룸에서 휴식 시간에 하는 말과 비슷한 말을 했다. 그런 격려의 말은 대부분 비슷하다.

"너는 할 수 있다. 나가서 덤벼라. 이거라!"

여자들은 보통 울거나 거의 말을 하지 않았다. 그것은 나를 슬프게 했다.

나를 방문한 사람 중에 나이가 지긋한 성도님이 있었는데 그분의 말이 마음에 의미 있게 남았다. 그분은 이런 말씀을 하셨다.

"목사님이 떠나신다면 저는 지금과는 조금 다른 삶을 살 것 같습니다. 왜냐면 목사님은 내 맘을 감동시켰고 삶을 변화시켰기 때문입니다. 다시는 목사님을 만나기 전의 삶으로 돌아가지 않을 겁니다. 목사님은 제게 깊고 영원한 감동을 주었습니다. 목사님이 떠나면 내 일부도 목사님과 함께 갈 것입니다. 감사합니다."

그리고 그분은 내 손에 입을 맞추고 떠나셨다. 그 나이 지긋한 성도님을 생각하면 할수록 그 말은 죽어가는 친구에게 할 수 있는 유일한 말임을 느끼게 된다. 한 사람이 진정 자신의 삶을 나누었다면 그 사람이 떠난 후에 우리의 삶은 과거와 같지 않을 것이다. 다른 것을 더 말하는 것은 피상적으로 떠드는 어리석은 짓이다.

우정이 식는다면 그것은 진정한 우정이 아니다.

– 성 제롬

중세 시대에는 '죽음의 기술'이라는 것이 있었는데('죽음의 기술'은 유럽 기독교 문화의 소산으로, 죽어가는 사람이 기꺼이 죽음을 받아들이고, 과거의 아름다운 추억을 기억하며, 이 세상을 떠날 수 있도록 격려하는 일이다.-역자 주) 우리 사회는 '죽음의 기술'과 같은 문화가 계발되지 못했다.

– 한스 큉

마지막을 위한 계획

사고는 내 삶을 순식간에 바꿔 놓았다. 내 몸은 내 감정처럼 완전히 변했다. 싫든지 좋든지 나는 알지 못하는 미래로 던져졌다.

모든 사람들은 삶의 여러 계절을 통과한다. 우리는 태어난 순간부터 변화를 경험한다. 1960년대에 비어즈는 노래했다. "모든 것에는 때가 있다. 돌아라, 돌아라! 날 때가 있고 죽을 때가 있다."[1]

비어즈는 피할 수 없는 삶에 대한 심오한 진리를 말하고 있었다. 궁극적으로 미래의 알지 못하는 어느 순간에 우리 모두는 죽을 것이다.

죽음은 피할 수 없다. 그러나 우리는 대부분 죽음에 대해 준비되어 있지 않다. 장의사들은 우리가 죽기 전에 장례 준비를 해야 한다고 홍보한다. 죽음을 당한 유가족들이 슬픔을 이겨내야 할 때 장례에 관한 자질구레한 일들을 처리해야 하는 번거로움을 장의사가 모두 도맡아 해준다고 말한다. 장례 준비는 대부분의 사람들에게 그리 즐거운 일이 아니다. 그러나 누군가는 해야 하는 일이다.

> 죽음이 다가올 때 당신이 해야 하는 가장 중요한 일은 죽음을 받아들이는 것이다.
>
> — 짐 엘리어트

우리는 자신의 죽음을 생각하는 것보다 친구나 사랑하는 사람의 죽음에 대해 더 자주 생각한다. 우리는 사랑하는 사람을 잃은 사람들에게 어떻게 사랑과 은혜와 편안함으로 다가갈 수 있는지 알아야 한다. 우리는 그 상황을 미리 생각해야 한다. 내가 죽음을 당해 보고 나니 대부분의 사람들은 가까운 사람이 죽어갈 때 무슨 말을 해야 할지 모른다는 것을 알게 되었다.

이 책의 11장을 쓰고 있을 때 한 친구의 전화를 받았다. 그 친구는 최근에 심각한 수술을 앞두고 그 결과가 어떻게 나올지 불안해 하고 있었다. 수술하는 과정에서 생명이 위험할 수도 있다. 나는 그 친구를 방문해서 확신을 주려고 한다. 사람들이 그 친구에게 의미 있는 말을 하려고 시도한 것이 오히려 해가 되었다면, 그 친구가 그것을 잘 소화하도록 돕고 싶었다. 무슨 말을 해야 할지 모르는 사람들은 실행 불가능한 격려의 말을 하거나, 그냥 울기만 해서 그 친구를 곤란하게 만들 것이다. 하나님이 그 친구를 설득했으므로 그 친구는 자신의 두려움에 대한 궁극적인 답을 갖고 있었다. 최악의 상황에서만 좀 불안할 뿐이다. 그 친구는 자신이 경험할 것에 대해 익숙해질 시간이 부족한 것이다. 그 친구는 이제 겨우 39세이기 때문이다.

내가 그 친구에게 적합한 말을 할 수 있기를 바란다.

죽음을 앞둔 사람에게 다가가는 방법

죽음을 앞둔 사람들을 많이 방문하다 보니(나 자신이 겪기도 했으며) 이제 그 사람들의 친구가 되는 영원한 원리를 발견한 것 같다. 물론 여기서 깊은 수준의 상담을 말하는 것은 아니다. 다음의 내용은 환자를 낙담시키거나 홀로 놓아두지 않고 돌봐주며 힘을 주는 실제적인 말을 다룬 것이다. 다음의 원리들을 보라.

■ **지나치게 우울한 모습을 보이지 말라**

이것은 가장 중요하다. 울지 말라. 죽음을 앞둔 사람들은 이미 울고 있으며 자신과 싸우고 있다. 특히 죽음의 병이 갑자기 닥쳐왔을 경우는 더 그러하다. 그 사람들이 가장 싫어하는 것은 좌절감을 주는 것이다. 그 사람들의 마음에 더 깊은 구덩이를 파지 않도록 삽을 치워라. 그 사람들에게는 용기를 북돋아줄 사람이 필요하다. 유쾌한 태도는 좋은 약이 된다.

■ **죽음을 앞둔 사람에게 그가 죽어가고 있다고 말하지 말라**

그렇게 말하는 것은 당신이 할 일이 아니다. 그런 말을 하는 일은 의사나 가장 가까운 가족에게 맡겨라. 당신은 그 사람이 죽어가고 있는지 확실히 알지 못한다. 하나님만이 삶과 죽음에 관한 모든 것에 대해 결정을 내리신다.

■ **긍정적이고 낙천적으로 대하라**

환자에게 말할 때 미소를 지으라. 가능하다면 환자를 조금 웃겨보라. 나는 농담을 즐긴다. 그래서 상황에 관계없이 사람들을 자연스럽게 웃긴다. 사람들은 그것을 알고 나에게 농담을 기대한다. 내가 그렇게 행동하지 않으면 나에게 안 좋은 일이 있다고 생각한다.

■ 가능하다면 음악 CD를 선물하라

병실은 매우 지루하고 음울하다. 기분을 좋게 해 주고 위로해 주는 음악 CD를 가져가라. 그런 음악은 마음에 약이 된다. 병실에 음악을 들을 CD플레이어가 없다면 당신의 것을 빌려 주라(당신의 것이 리모컨으로 조정할 수 있는 것이라면 더 큰 도움이 될 것이다).

■ 성경 테이프나 CD를 선물하라

성경말씀을 듣는 것은 큰 도움이 된다. 쉽게 번역된 성경말씀 테이프라면 더욱 좋다. 성경의 메시지는 환자에게 큰 도움이 될 것이다. 신구약이 다 들어 있는 것은 그 값어치를 할 것이다.

당신이 영적인 사람이라면 죽음을 앞둔 친구는 당신과 영적인 문제에 대해 이야기하고 싶어 할 것이다. 환자는 천국에 대한 당신의 견해를 듣고 싶을 수도 있다. 당신이 확신이 있고, 정직하고, 소망을 주고 싶다면 영원에 대해 이야기하라. 그 친구가 영적이라면 그 친구는 답을 찾고 있을 것이다. 아무도 소망 없이 죽음을 맞고 싶어 하시 않는다.

열심히 산 날이 행복한 잠을 주듯, 잘 살아온 삶은 행복한 죽음을 준다.

- 레오나르도 다 빈치

내가 사고를 당했을 때 나는 영원한 삶에 대해 알았기 때문에 두려움이 없었다. 하나님과 우리 사이에서 죽음의 문제를 정립하는 것은 우리가 할 일이다. 우리는 죽음의 문제를 완전히 해결하지 않고는 삶을 힘차게 살 수 없다.

죽음을 앞둔 사람에게 우리는 무슨 말을 해야 도움이 될지 잘 모른다. 그러나 우리는 마지막 순간을 의미 있게 만들어 줄 소망을 선물할 수 있다.

각주

1. 비어즈(The Byrds), "Turn, Turn, Turn(There is a season)" *Turn, Turn, Turn*, Sony Music Company, copyright 1965. Original lyrics by Pete Seeger.

제13장 _ 90세까지 살기 위해 죽다

그렇다. 나는 인정한다. 나는 아직 다시 죽을 준비를 하지 않았다. 나는 해야 할 일이 너무 많다. 의사들은(나와 애증관계에 있는) 내가 내장을 일부 떼어냈기 때문에 77세까지 사는 것이 어렵다고 말했다. 물론, 우리는 미래의 알지 못하는 순간에 죽음을 경험할 것이다. 그러나 나는 의사의 진단을 적극적으로 받아들이지 않는다. 나는 다시 죽을 것이다. 그러나 90대가 될 때까지 죽음에 대한 계획을 세우지 않을 것이다. 나를 믿지 못하는가? 그렇다면 당신은 내 일기를 읽어본 적이 없는 것 같다.

일기와 기도

나는 매일 일기를 쓴다. 벌써 여러 해 동안 그렇게 해왔다. 처음에는 펜으로 일기장에 일기를 썼는데 이제는 노트북을 사용해서 일기를 쓴다(얼마나 고도의 기술 세계에 살고 있는지!).

나는 생각한 것과 사건을 기록하고, 꿈과 떠오르는 생각들을 적는다. 나는 나 자신을 투명하게 기록하려고 노력한다. 일기는 영적, 감정적 성숙을 위한 좋은 도구다. 일기는 목표를 세우고 그 목표를 지키기 위해 노력하도록 도와주었다.

나는 동기부여하는 책들을 손에 잡히는 대로 읽었다. 동기부여하는 책들은 대부분 목표를 기록하고 그것을 이루기 위해 노력하라고 말한다. 나는 열네 살부터 목표를 기록했다. 나는 매일 단기 목표와 장기 목표를 기록했다. 본질적으로 나는 구체적인 실천 사항을 정하곤 했다.

내가 목표를 이루고자 했을 때 B나 C였던 내 고등학교 성적은 A로 변했고 대학시절에도 줄곧 A를 받았다. 나는 보수가 좋은 환상적인 직업을 갖게 되었으며 꿈에 그리던 여성과 결혼하게 되었다.

기록하고 기도하라

여러 해 동안 나는 대부분의 사람들처럼 하나님과 대화하는 기도를 했다. 무릎을 꿇기도 하고, 눈을 뜨기도 하고, 눈을 감기도 하고, 주기도문을 외우기도 하며, 가볍게 말하는 기도를 하는 등 여러 가지 방법을 사용했다. 나는 노력을 많이 했지만 어떤 방법도 지속적으로 하지 못한 것 같다. 물론 하나님과 연결되는 듯한 기쁨과 응답받은 기도에 대한 흥분도 경험했다. 그러나 지루했던 적도 많았고 기도에 집중하지 못한 적도 많았다.

나는 일기에 많은 기도를 기록하고 있다. 그 방법은 내 마음을 집중시키는 데 도움이 된다. 그렇게 한 지 몇 년이 지난 후에 나는 많은 지도자들이 그 방법을 사용했음을 알게 되었다. 나만 기도하는 데 어려움을 느낀 것이 아니라는 사실에 위로를 받는다.

기도를 기록할 때 나는 단기 목표(하루나 한 주에 이루어야 할 일)와 장기 목표(몇 년 걸리는 일)를 세운다. 나는 어떤 주제든지 10개로 목표를 제한한다. 장기나 단기 목표를 10개 이상 세우면 목표를 이루기 위해 바쁜 일정에 쫓기다가 결국 좌절하게 된다는 것을 경험을 통해 알게 되었다. 내가 10개 이상의 목표를 이루려고 애쓰다 보면 일정이 밀리게 된다.

그러면 나는 삶을 단순하게 하기 위해 목표를 다시 정리하곤 했다. 나는 우선권에 집중하는 것을 가장 중요하게 생각한다.

목표 목록과 해야 할 일의 목록은 다르다. 목표는 10개로 제한하지만 각 목표마다 해야 할 일은 더 많다. 예를 들어 이 책을 완성하는 목표를 완수하기 위해(삶이 계속되고 있으므로 어디서 이 책을 끝내야 할지 모르겠지만 이 장이 마지막 장이 될 것이다) 해야 할 일은 10가지 정도가 된다. 웹사이트를 만들어야 하고, 표지 디자인이 맘에 드는지 확인해야 하며, 서문을 써 준 토드 헌터에게 감사해야 하고, 편집자가 내 글을 수정하는 것을 승인해야 하는 등 해야 할 일이 많다. 그 여러 가지 일들은 이 책을 완성하는 목표에 도달하기 위해 필요한 일들이다.

또 목표에 직접적으로 관련되지는 않았지만 꼭 해야 하는 일들이 있다. 예를 들어 딸 로라와 함께 점심을 먹는다든지, 아내의 생일 선물을 산다든지, 동네에 쌓인 눈을 치운다든지 하는 것이다. 이 중 어떤 것은 평생의 목표와 관련이 있지만 어떤 것은 그렇지 않다.

목표의 힘

목표를 세운다는 것은 대단히 강력한 것이다. 목표는 우리 삶에 힘을 발휘하며 우리의 사고와 행동과 느낌에 영향을 미친다. 목표는 개인의 역사를 변화시킨다. 많은 사람들이 같은 목표를 성취하기 위해 일한다면 도시의 역사(국가의 역사도)는 변할 것이다.

2차 세계대전 때 영국의 도시들은 나치에 의해 거의 매일 공격당하고 폭격당했다. 공격이 최고조에 다다르자 국민들은 처칠 수상이 항복을 선언하기를 기대하는 분위기였다. 그러나 처칠은 사기를 높이는 연설을 했다. 그 연설은 20초가량 진행되었다. 처칠은 기자회견장으로 들어서서 담배를 뻐끔뻐끔 피우며 "결코, 결코, 결코 포기하지 않을 것입니다. 이게 전부입니다. 여러분!" 하고는 말을 마쳤다.

단호한 결단과 연설의 단순함은 영국 국민들의 마음을 사로잡았다. 영국은 계속 싸웠다. 영국은 많은 부상자가 생겼지만 공동의 목표를 향해 나가기 위해 같은 장소에 있음을 인식했다. 처칠은 강력한 언어로 용기를 북돋우는 은사가 있었다. 처칠의 목표는 국민들의 목표가 되었다. 처칠이 더는 영국이 손해를 보지 않아야 한다는 결정을 내렸다면 역사가 어떻게 달라졌을지 상상해 보라.

마찬가지로 당신이 당신의 삶과 가족을 위해 세운 목표는 당신 개인의 역사를 바꾸어 놓을 것이다. 나는 결혼에 대해서도 목표를 세우고 기도했다.

아내를 만나기 오래 전부터 나는 하나님께 배우자를 놓고 기도했다. 그러나 여느 배우자와 마찬가지인 그런 사람을 원하지 않았다. 나는 일기장에 원하는 조건을 모두 기록했다. 시간이 있을 때 잠언 31장을 찾아서 읽어보라. 잠언 31장은 기업가 정신이 있고 손으로 일하는 즐거움을 아는 여성을 묘사하고 있다. 그 여성은 가족을 돌보기 위해 아침에 일찍 일어난다. 다른 말로 하면 거친 일을 두려워하지 않는 것이다. 잠언은 내가 원하는 여성에 대해 묘사하고 있었다.

누군가가 그런 여성과 결혼하는 것을 보면 우리는 성공했다고 말한다. 자기보다 나은 사람과 결혼했다는 뜻이다. 당신이 내 아내를 만나보면 분명 내가 결혼을 잘 했다고 생각할 것이다. 사실 나는 결혼을 잘한 것에 그치지 않고 나보다 높은 수준의 사람과 결혼한 것이다. 대부분의 친구들이 이에 동의한다. 사람들은 내 아내를 만난 후 나를 더 좋아하게 된다.

아내를 만나기 전에 나는 많은 여성과 데이트를 했다. 어떤 여성은 매우 부유했다. 아름답고 훌륭한 인격을 지닌 사람도 많았다. 그러나 내 일기장에 기록한 여성과 같은 사람은 아무도 없었다. 어떤 여성도 내 길에 함께 할 은사를 갖고 있지 못했다. 나는 일기장에 미래의 아내에 대해 기록해 놓고 제니가 나타나기까지 10년을 기다렸다.

요즘 아내와 나는 함께 목표를 세우고 있다(아내도 일기를 쓰고 있다). 우리는 80대까지 함께 활동적으로 일할 수 있으리라 믿는다. 그것은 경제적인 이유 때문이 아니다. 우리는 필요한 만큼 저축을 했으며 은퇴해도 될 준비가 되어 있다. 그러나 우리는 일하지 않는 우리의 모습을 상상할 수 없다. 우리는 열심히 일하는 것을 좋아한다. 우리는 다른 사람들을 멘토링해 주는 것을 좋아하며 남은 생애 동안 젊은 지도자들에게 우리의 삶을 쏟아주기를 소망하고 있다. 80대 노인 주변에 20대 젊은이들이 모여 있는 것을 그려보라.

그것이 우리의 목표를 정하는 데 어떤 영향을 미치겠는가? 아내와 나는 몇 십 년 후에 우리 삶이 어떻게 될 것인가에 대해 자주 이야기한다. 우리는 최근에 탬파에 집을 짓고 있고 곧 그곳으로 이사 갈 것이다. 그곳에서 사람들을 만나 멘토링을 하며 책도 쓰고 세미나도 열 계획이다. 우리는 80대까지 일할 수 있고 90대 중반까지는 살 것이라고 믿고 있다. 하나님은 우리에게 잘 살 것이라는 기대감을 주셨다.

기록하고 기도하고 그리고 들어라

어느 토요일 오후 나는 집에 있었다. 내가 토요일에는 면도를 하지 않는다는 사실을 밝혀야겠다. 사실, 토요일에 설교가 없으면 샤워도 하지 않을 때가 있다. 나는 쉬는 날을 정말 즐기는 것이다. 그 특별한 토요일에도 나는 샤워를 하지 않아서 아주 지저분한 모습이었다. 내 머리는 여러 가닥이 붙은 채 위로 솟아 있었다(아내는 내가 양치질만 하면 다른 것은 상관하지 않는다).

그때는 한낮이었다. 갑자기 나는 캐롤 코취레인을 위해 기도해야 한다는 생각이 들었다. 캐롤은 72세이며 우리의 좋은 친구다. 캐롤은 폐렴을 심하게 앓고 있어서 살 소망이 끊어졌었다. 캐롤의 딸 다나는 마지막일지도 모른다는 생각에 병원을 찾은 일이 한두 번이 아니었다. 그렇게 캐롤은 병으로 죽어가고 있었다.

기도할 때 성령님이 마음에 한 가지 생각을 주셨다.

'당장 병원에 가라. 지체하지 말라. 그곳에서 할 말을 생각나게 하겠다.'

그런 일이 흔한 일은 아니어서 나는 지체했다. 그러나 말할 것을 생각나게 하시고 그런 영감을 주시는 분이 하나님이심을 다시 확신하게 되었다. 그래서 나는 다시 깊이 생각해 보고 마침내 이성적인 결론을 내렸다. '나는 캐롤을 진정 사랑한다. 나는 캐롤에게 필요한 일을 해야 한다. 캐롤은 지금 절망적이다.' 나는 일기 파일을 저장하고 컴퓨터를 끄고 병원으로 향했다.

내가 병원에 도착했을 때 간호사는 나를 중환자실에 들여보내지 않으려고 했다. 나는 머리를 감지 않았기 때문에 모자를 썼는데 그 모습이 좀 지저분해 보였던 것 같다. 마침내 나는 간호사를 설득하는 데 성공했다.

여러 환자를 봤지만 캐롤처럼 낙담한 사람은 본 적이 없었다. 캐롤이 처음 한 말은 "빨리 죽도록 기도하고 있어요. 내 신세가 처량할 뿐입니다."

그 상황에 내가 무슨 말을 하겠는가? 죽음이 임박한 사람을 격려하는 법에 대한 내 조언도 그 상황에서는 도움이 되지 않았다. 그러나 그 순간 하나님께서 정말 할 말을 주셨다.

"캐롤, 당신을 위한 좋은 소식과 나쁜 소식이 있습니다. 나쁜 소식은 당신이 죽는다는 것입니다."

캐롤은 그 말에 조금 낙망하는 것 같았지만 그리 놀라지는 않았다.

"좋은 소식은 무엇인가요?"

"좋은 소식은 당신이 앞으로 20년 동안은 죽지 않는다는 겁니다."

그 말에 캐롤의 얼굴이 빛났다. 나는 캐롤을 위해 기도해도 되는지 물어보았다. 캐롤은 기쁘게 받아들였다. 나는 하나님께 캐롤의 몸에서 바이러스가 떠나고 건강이 완전히 회복되기를 기도드렸다. 기도 후에 나는 병실을 떠났다.

캐롤의 딸 다나가 며칠 후 내게 전화를 했다.

"목사님이 기도하셨을 때 무슨 일이 일어났는지 잘 모르겠지만 극적인 일이 일어났어요. 어머니의 폐렴이 다 나아서 퇴원하셨어요. 의사들도 놀라고 있어요."

그 말은 경건하게 들렸다. 그래서 나는 "아멘"이라고 답했다.

만약 내가 일기장에 기도 제목과 그 내용을 쓰지 않았다면 캐롤을 위해 기도하라는 하나님의 뜻을 알지 못했을 것이다. 나는 내가 일상생활에서 영적인 음성을 깨닫지 못할 사람이라는 것을 잘 알고 있다. 내가 의도적으로 천천히 가지 않는 한 내 안의 메트로놈은 너무 빨라서 하나님의 메시지를 듣지 못할 것이다. 내가 장기목표를 세우는 일을 연습해 보지 않았다면, 캐롤이 20년이나 더 살 수 있을 것이라는 생각을 하지 못했을 것이다.

나는 오랫동안 하나님의 음성을 듣는 연습을 해 왔다. 그것은 결코 과학적인 것이 아니다. 나는 하나님의 음성을 듣는 일에 익숙한 사람들을 만나 보았고 나도 하나님의 음성을 들었다. 그러나 가끔은 하나님의 음성을 듣기 위해 지나치게 이상한 일을 하는 사람들도 보았다.

그러나 사도 바울은 영감을 얻기 위해 노력하는 사람들을 무시해서는 안 된다고 한다. 데살로니가전서에서 바울은 이렇게 말했다. "예언을 멸시하지 말고."[1] 나는 바울이 말한 것이 무슨 뜻인지 안다. 벼룩을 잡으려다 초가삼간을 다 태울 수 있다는 것이다. 이 사실에 대해 잠시만 생각해 보라. 자신의 삶을 돌이켜보라. 성령의 음성을 듣거나 계시를 받은 적이 있는가? 당신은 그 영감이 어디에서 온다고 생각하는가?

이 주제에 대해 가르칠 때 나는 물건을 잃어버린 아이의 예를 든다. 전혀 예상하지 않았던 곳에서 잃어버린 물건을 찾을 수는 있다는 것을 아이는 전혀 모른다. 이 예는 어린 시절의 내 경험을 토대로 한 것이다. 내가 열 살이 되던 해에 작은 활과 화살 세트를 생일 선물로 받았다. 한번은 집 근처 숲에서 활을 쏘다가 잃어버렸다. 화살이 떨어졌을 만한 곳에서 찾고 또 찾아보았으나 허사였다. 나는 화살을 완전히 잃어버렸다고 생각했다. 마침내 나는 하나님께 기도했다.

"하나님, 제 기도를 들으신다면 화살이 어디에 있는지 가르쳐 주세요."

잠시 후 나는 화살을 어디에서 찾아야 할지 떠올랐다. 그런데 그곳은 내가 있는 곳에서 너무 멀었다. 또 화살이 거기에 있을 거라고 확신할 수도 없었다. 그러나 나는 생각했다. '내가 잃어버리면 안 될 것이 무엇인가?' 나는 그 곳으로 가서 바닥을 더듬어 보았다. 그런데 거기에 화살이 있었다. 나는 매우 놀랐다. 그리고 하나님께서 내 기도를 들으셨음을 확신하게 되었다.

내 장례식

당신의 장례식이 어떨 것 같냐고 질문하는 것은 좀 섬뜩한 일인지도 모르겠다. 당신의 삶을 기억하기 위해 어떤 사람들이 모일까? 그들은 당신에 대해, 그리고 당신의 삶에 대해 무슨 말을 할까? 사람들이 당신의 죽음을 애도하며 눈물을 흘릴 것인가? 당신의 삶이 끝난 것을 슬퍼할까?

이미 언급한 대로 나는 일기장에 90세를 넘어서까지 살 것 같다고 기록했다. 내가 죽으면 다양한 연령층의 사람들이 장례식에 올 것이다. 사실, 나는 나와 비슷한 나이의 친구보다 젊은 친구들이 더 많다. 항상 그랬다. 지금 나는 50대지만 요즘도 젊은 친구가 더 많다.

장례식에서 사람들은 지난 시절 즐거운 시간에 함께 찍

은 사진을 보게 될 것이다. 그 사진에는 로스앤젤레스, 오슬로, 볼티모어, 신시내티, 탬파 같은 곳이 찍혀 있을 것이다. 그곳은 나와 아내가 교회를 개척한 곳이다. 나는 사진 찍는 것을 좋아하기 때문에 사진이 부족하지는 않을 것이다.

우리가 개척한 교회의 목사님들이 내 장례식에 참석하기 위해 탬파로 몰려들 것이다. 그때쯤에는 우리가 개척한 교회가 100곳이 넘을 것이다. 그리고 우리가 멘토링한 사람들도 많이 있을 것이며, 그들은 그 경험을 나눌 것이다.

몇몇 교회 사람들은 우리와 맺었던 좋은 관계에 대해 이야기하고 싶어 할 것이다. 그들은 우리가 재정적으로도 많은 것을 기쁘게 나눴다고 말할 것이다. 도시의 지도자들은 내가 이제 더 좋은 곳에 가게 되어서 부럽다고 말할 것이다. 어떤 사람은 마침내 내가 책 쓰기를 멈추게 되었다고 말해서 모두를 웃게 할 것이다.

나는 화장을 할 생각이다. 재는 탬파에 뿌려질 것이다. 왜냐하면 나는 그곳의 물고기들을 좋아하기 때문이다. 많은 사람들이 함께 배를 타고 재를 뿌린 후에 석양을 바라보면서 나를 생각할 것이다.

솔로몬은 이 땅에 살았던 사람 중에 가장 지혜로운 사람이었다. 솔로몬은 노후에 삶을 되돌아보면서 잠언을 기록했다. 당신도 지금부터 장례식(삶의 승리 파티라고 할 수 있는 사건!)까지의 삶을 한번 계획해 보라. 계획된 삶을 살도록 치밀한 전략을 세우라.

소수의 사람만이 자신이 세운 목표를 이룬다. 사람들은 실패할까 봐 두려워서 계획을 세우는 것조차 망설인다. 계획의 세부적인 일들이 이루어지지 않을까 봐 꿈꾸기를 두려워한다. 그러나 우리는 발을 내디뎌야 하며 꿈꾸는 모험을 해야 한다.

내 마지막 이야기

나는 이야기하는 것을 좋아한다(아마 당신도 짐작했을 것이다). 이 부분은 이 책의 마지막 이야기가 될 것이다. 이 책은 정해진 분량을 벗어나고 있기 때문에 이제 결론을 내려야 한다.

바로 이틀 전에 내가 한 번도 만난 적이 없는 이 지역의 지도자가 수소문해서 연락을 했다. 내가 전화를 받았을 때 그 사람은 울고 있었다.

"목사님이 아픈 사람을 위해 기도하시면 병이 낫는다고 하는데 사실입니까?"

"제가 환자들을 위해 기도하면 때로 나을 때가 있습니

다. 그러나 어떤 경우도 제 맘대로 할 수는 없습니다."

그 사람은 62세밖에 안 된 어머니가 암에 걸렸다고 말했다. 의사들은 어머니가 몇 달밖에 살지 못할 것이므로 집에서 요양하라고 말했다고 한다. 나는 어머니를 방문해서 기도해 드리겠다고 말했다.

그 집에 들어서자마자 나는 좋은 예감이 들었다. 우리가 기도하면 좋은 일이 일어날 것이라는 확신이 들었다. 나는 그의 어머니에게 내가 죽음을 경험하고 회복된 이야기를 해 주는 것이 좋겠다고 생각했다(나는 죽음을 경험하기 전만큼은 아니지만 의사들이 예상했던 것보다는 훨씬 좋아진 상태였다). 내 이야기를 했을 때 그 어머니의 표정이 밝아졌다. 나는 그분을 위해 기도했으며 성령의 능력이 강하게 임하는 것을 느꼈다. 그분은 울기 시작했으며 하나님의 능력이 임할 때 몸이 떨렸다.

기도를 끝낸 후 우리는 앞으로 계속 기도하는 시간을 가질 것을 약속했다. 그리고 나는 그 후로도 여러 번 그 집을 방문했다. 어느 날 나는 기도를 끝내고 죽음에 대해 내가 느꼈던 것을 그 어머니에게 말했다.

"당신이 하나님과 어린아이 같은 관계를 맺는다면 죽음을 두려워할 필요가 없습니다. 죽음은 위대하지도 않으며 겁낼 것도 아니며 우리를 압도하는 것도 아닙니다. 그렇게 느끼는 것은 인간적인 생각 때문입니다. 우리가 죽음에 대한 두려움을 통과하면 새로운 삶을 살 수 있습니다."

이 말은 내가 죽음을 통해 배운 것을 압축한 말이다. 당신이 이 책을 읽으면서도 여전히 죽음이 두렵다면 이 말을 다시 읽어보기 바란다. 당신은 죽음을 두려워할 필요가 없다. 죽음은 정말 단순한 것이다. 당신은 지금보다 더 잘 살 수 있다.

죽음과 삶에 대해 좀 더 말하고 싶다. 그러나 마지막 장이 되었다. 그렇다고 중요한 이야기를 중단하지는 않겠다. 당신이 어떻게 죽음의 두려움을 극복할 수 있는지, 끈질긴 두려움을 넘어 어떻게 당신의 삶을 열정적으로 살 수 있는지에 대해 나는 특별히 웹사이트(www.dayidied.com)를 만들어 분명하게 설명해 놓았다. 웹사이트에 올려 놓은 글들이 분명히 당신의 삶을 자유롭게 할 것이다. 시간을 내어 꼭 방문하기 바란다.

우리의 미래에는 좋은 일만 있을 것이다. 지금 아내와 나에게 가장 좋은 일은 우리가 플로리다로 이사 간다는 것이다. 뒷마당에 있는 구멍 뚫린 나무에서 다람쥐가 노는 것을 보지 못하는 것이 아쉽지만 말이다.

각주
1. 데살로니가전서 5:20

죽음의 문턱에서 삶을 보다

제13장_ 90세까지 살기 위해 죽다

에필로그

　　　　　　이 책에서 말하는 사고가 일어난 지 몇 년이 지났다. 여행하다 보면 최근의 이야기를 듣고 싶어 하는 사람들을 많이 만난다. 다음은 내가 자주 듣는 질문이며 나는 으레 다음과 같이 답한다.

Q: 지금 느낌은 어떤가요

A: 내 건강은 눈에 띄게 좋아진 면도 있지만 그렇지 않은 면도 있다(기적이 일어나지 않는 한 변화되기 어려울 것이다). 사

실 허벅지의 근육이 완전히 마비되었다. 그러나 의사는 내가 아주 특별한 경우라고 한다. 근육의 기능이 마비되었는데도 상황에 잘 적응하고 있다는 것이다. 정강이 뒷부분의 근육이 아주 강해져서 허벅지가 하던 일을 대신하고 있다.

내 허벅지는 너무 가늘어서 수영복을 입은 모습은 아주 우습다. 나는 다른 사람의 도움 없이는 의자에 앉지도 못한다. 나는 잘 걷지 못한다. 특히 계단을 내려가는 것이 힘들다. 빨리 달리지도 못한다. 천천히 걷는 것 외에는 모든 것이 불가능하다.

솔직히 말하면 이런 것이 나를 매우 우울하게 만들었다. 특히 아들이 나와 함께 운동을 하고 싶어 할 때 우울했다. 농구도, 축구도 프리스비도 불가능하게 되었다. 자전거조차도 탈 수 없게 되었다. 무엇보다도 나는 오토바이가 그립다. 오토바이를 타는 것은 내가 가장 좋아하던 취미생활이었다. 그러나 이젠 더 이상 탈 수가 없다.

내 다리는 계속 욱신거린다. 마치 핀이나 바늘로 끊임없이 찌르는 것 같다. 욱신거리는 것 외에는 아무것도 느끼지 못한다. 의사들이 긴 바늘을 내 다리에 꽂고 전기를 통하게 하는 실험을 해보았는데 나는 아무것도 느끼지 못했다.

나는 하루에 두세 번씩 진통제를 먹는다. 그렇지 않으면 통증을 참을 수가 없고 밤에는 잠을 잘 수 없다.

Q: 그 많은 것을 잃은 후 목사님의 감정은 어떻습니까

A: 많은 것을 잃은 상실감을 추스르고 미소를 짓는 것은 매우 어려운 일이었다. 그러나 이제 나는 훨씬 믿을 만한 사람이 된 것 같고 감정을 처리하는 데 있어서도 많이 성숙한 것 같다. 사고 이전에 나를 알던 사람들은 내가 전보다 훨씬 더 신중해졌다고 말한다.

굳이 말하자면 사고 이전에 내 메트로놈은 1분에 120회 정도였다. 나는 항상 이 일에서 저 일로 넘어가기 위해 바빴다. 나는 내 주위에서 무슨 일이 일어나는지 거의 알지 못했다. 그러나 이제 내 메트로놈은 1분에 25회 정도다.

정신과 의사들은 내가 너무 오랫동안 극심한 저혈압이었기 때문에 IQ가 낮아질 거라고 말했다. 그런데 놀랍게도 두 번에 걸쳐 검사한 바에 따르면 사고 이전보다 15점에서 20점이 더 높게 나왔다. 어떻게 그런 결과가 나왔는지 이해할 수 없지만 그건 분명한 검사 결과였다.

상실감을 치유하기 위해 나는 정기적으로 전문 상담가

를 찾아간다. 그 만남은 내 삶에서 매우 귀한 것이다. 나는 전문가들의 도움을 아주 소중하게 생각한다.

나는 이렇게 말하고 싶다.

"당신이 나처럼 사고로 모든 것을 잃는다면 당신도 우울해질 것입니다."

어떤 사람들은 내가 전문 상담가를 찾는 것에 대해 비판적이다. 그러나 나는 상관하지 않는다. 나는 그 사람들의 말에 동의하지 않는 것을 공손하게 표현한다. 우리는 모두 언제든지 상담가나 심리학자, 정신과 의사가 필요하게 될 수 있다. 어쩌면 약의 도움을 받아야 할 때도 있을 것이다.

이런 전문가의 도움을 거부하고 근심에 빠져 살기에는 삶은 너무 짧다. 내가 아는 사람 중에는 여러 해 동안 우울증에 빠져 있어서 삶의 많은 시간을 허비한 사람도 있다. 우리가 자신에 대해 정직해지면 삶은 쉬워진다.

Q: 신체적으로 가장 큰 어려움은 무엇인가요

A: 가장 큰 좌절과 어려움은 체력이 급속히 저하되는 것이다. 아무리 안간힘을 써도 하루에 몇 시간밖에 일할 수

없다. 해외여행을 하려면 특별한 각오를 해야 한다. 예전에 나는 주일에 7번이나 설교하고도 다음 날 외출하고 싶어 했다. 밤을 새는 것도 잘 했다. 그러나 모든 것이 변했다. 과거에는 6시간만 자면 충분했다. 그러나 이제 컨디션을 유지하려면 9-10시간을 자야 한다. 해야 할 일이 많기 때문에 주어진 시간에 전략적으로 일해야 한다. 물론 성공적으로 일하기 위해서는 팀으로 일해야 한다는 것도 배우게 되었다.

관심을 가지고 질문해 주신 분들께 감사드린다. www.dayidied.com에 들어오면 내 최근 상황을 알 수 있다.

집필 후기 _ 테리 시아보가 죽던 날

　테리 시아보의 이야기는 모든 사람의 마음에 영원히 남을 것이다. 2005년 탬파 호스피스에서 죽은 테리 시아보의 죽음이 대대적으로 보도되었다.
　테리의 죽음은 내 경험과 비슷한 점이 많다. 신문에서 테리의 기사를 읽었을 때 내 상황과 비슷했다는 것을 알게 되었다. 뇌에 심각한 손상을 입었다는 것 등, 구체적인 사실은 다를 수도 있다. 그러나 전율을 느낄 정도로 많은 부분이 비슷했다.[1]

더 이상 살 수 없다

의료사고가 일어났던 날 의료진이 아내에게 와서 내 상태가 어떤지 말해 주었다. 내 심장이 오랜 시간 멈추었고 한 시간 이상 혈압이 극도로 저하되었기 때문에 뇌에 손상을 입었을 것이라고 추정했다. 의사들은 아내에게 매우 심각한 상황이라고 말했다. 그러나 의사들은 많은 사람들이 한마음이 되어 기도하는 능력을 이해하지 못했다.

사고 몇 분 후에 나를 위해 기도하자는 호소문이 교회 홈페이지에 올랐고 시간마다 내 상태를 전했다. 교회 이메일로 수천 명의 사람들이 내 상태에 대해 물어보았다. 그 사람들은 모두 기도를 부탁받은 사람들이었다. 불과 몇 시간 만에 수만 명의 사람들이-내가 몇 년 전에 말씀을 전했던 유럽과 영국, 아시아, 캐나다, 미국에서-의사들이 소망이 없다고 말하는 상황에 하나님께서 개입하시기를 기도하고 있었다.

의사들이 아내가 결정을 내리기를 기다리고 있을 때 나는 정말 수수께끼 같은 상황 속에 있었다. 내 생명은 희미한 듯 했다. 그 순간 아내의 손에는 내 삶과 죽음에 대한 결정권이 놓여 있었다. 그러나 내가 주위에서 일어나는 일을 모두 알고 있고, 의식이 깨어 있다는 것을 아는 사람은 아무도 없었다.

의사들은 아내에게 빨리 결정하라고 압력을 주었다. 아내는 의사들에게 훌륭하게 답했다.

"여러분은 제가 그리스도인이라는 사실을 기뻐해야 합니다. 그렇지 않았다면 여러분을 저주해야 마땅했을 것입니다. 제 남편은 혼수상태에 빠졌지만 이제 곧 회복될 겁니다."

아내의 말에 의사들은 머리를 가로저으며 뒤돌아섰다. 의사들은 아내가 '충분히 숙고한 말'에 대해 불만을 품었다.

내가 모든 것을 알고 있고 정신이 멀쩡한데 내 몸에서 산소 호흡기를 뺀다는 것은 끔찍한 일이다. 나는 눈을 깜박거리는 것 외에는 아무것도 하지 못한 채 2주를 혼수상태로 있었다. 그동안 의사들은 뇌가 심각한 손상을 입었을 것이라고 주장했다. 그래서 뇌의 활동을 측정하는 조사를 했다. 그러나 조사 결과로는 아무런 결론을 내릴 수 없는 상태였다. 나는 아내가 인내할 수 있었던 것에 대해 하나님께 감사드린다. 그렇지 않으면 내 이름은 지금쯤 사망자 명단에 있었을 것이다.

탈수의 고통

테리 시아보는 탈수로 죽었다. 전문가들은 테리 시아보가 굶어 죽었다고 말한다. 그러나 시아보는 탈수로 인해 고통스럽고 느린 죽음을 당한 것이다.

인간은 음식을 먹지 않고도 몇 주간은 참을 수 있다. 나는 50일 이상 금식한 사람들을 많이 보았다. 그러나 그 사람들도 물은 마셨다. 그러나 테리는 마지막 며칠 동안은 물을 마시지 못했으며 정맥 주사도 공급받지 못했다. 간호사가 젖은 헝겊을 테리의 입에 놓아 주기도 했지만 실제로 도움이 되는 조치는 취하지 못한 것이다.

내가 당한 의료사고도 특이했으므로 때때로 내 혀를 젖은 거즈로 적셔 주는 것 외에는 아무것도 할 수가 없었다. 결장 수술 후 결장이 치유되는 동안에는 어떤 액체나 음식도 들어가서는 안 됐다. 내가 지금까지 살면서 경험한 어떤 고통도 열흘간 입이 말라 고통을 겪은 것에 비할 바가 아니었다. 나는 지금도 그때의 고통을 생각하면 몸서리치게 된다.

수분이 부족해서 입이 헐고 혀가 딱딱해졌다. 인간의 몸은 물이 없으면 견디지 못하며 큰 고통을 겪게 된다. 테리처럼 나도 말을 할 수 없었다(산소호흡기 튜브도 목에 꽂혀 있었다). 그러나 나는 고통으로 인해 울고 있었고 내 눈은 물을 달라고 하소연하고 있었다. 나는 아픈 목마름을 축여 줄 한 모금의 물을 원했던 것이다.

테리의 기사를 쓴 사람들이 테리가 고통 없이 편안하게 죽었다고 말하는 것을 보면 나는 경악했다. 나는 사람들이 어디서 그런 정보를 얻었는지 의아해진다. 그렇게 말하는 사람들은 분명 테리의 죽음을 직접 눈으로 보지 않았을 것이다. 탈수로 사망하는 것은 상상할 수 없이 고통스러운 일이다. 요한복음 19장 28절은 예수님이 탈수로 죽어 가셨다고 기록하고 있다. 내가 경험한 탈수의 고통은 말로 표현할 수 없었다.

사람들은 테리가 탈수의 고통을 느꼈는지 아니면 너무 힘들어서 느낄 수 없었는지에 대해 의문을 갖는다. 그 질문에 정확하게 답할 수 있는 사람은 테리를 가까이에서 돌본 신경과 전문의들뿐이다. 그러나 테리의 신경과 의사들은 의견의 합의점을 찾지 못했다.

테리가 고통을 느낄 수 있었을까? 나는 그렇다고 생각한다. 죽기 전 마지막 2주 동안 테리는 호스피스의 도움을 받았다. 또 매시간 모르핀(마취제, 진통제) 주사를 맞았다. 그 사실은 비밀에 부쳐졌지만 기자회견에서 한 대변인이 그 사실을 살짝 흘렸다. 고통을 느낄 수 없을 정도라면 왜 모르핀이 필요했는가? 아무 이유없이 모르핀을 맞지는 않는다.

슬프게도 미국에서는 애완동물의 권리가 테리의 권리보다 더 큰 것 같다. 우리가 개나 고양이를 굶어 죽게 하거나 탈수로 죽게 내버려 둔다면 우리는 당장 체포될 것이다. 그리고 감옥에서 미국의 애완동물 마니아들의 고고한 정신을 생각하면서 시간을 보내야 할 것이다.

미혹

정확하게 말한다면 테리는 부상으로 죽은 것이 아니다. 테리는 몇 년 더 살았을 수도 있다. 테리의 부모는 기꺼이 재정적으로, 감정적으로 지원할 마음이 있었다. 그리고 앞으로 몇 십 년간 테리를 지원할 능력도 있었다. 다시 말하면, 테리의 죽음은 이치에 맞지 않는다.

나는 테리의 경우와 비슷한 상황을 다루어 본 사람을 많이 알고 있다. 그 사람들은 살아날 가능성이 없어 보이는 가족이나 가까운 친척을 위해 결정을 내려야 했다. 테리와 같은 일이 미국 50개 주에서 계속되고 있다. 테리의 경우가 더 특별하게 보이는 것은 테리가 부상으로 죽은 것이 아니기 때문이다. 생명에 대한 의료 행위를 중단하는 것은 그 사람이 이미 죽어가고 있는 사람이라는 것을 의미한다. 그러나 의료 행위를 끊으면 그 사람은 더 빨리 고통스럽게 죽어가는 것이다. 이 경우에 그 가족은 하나님께서 환자의 고통을 줄이기 위해 하시는 일보다 더 앞서간 것이다. 테리의 경우에 우리 사회는 선을 넘은 것이다.

멜 깁슨은 인터뷰에서 테리의 사례는 미혹당한 것 같다고 말했으며 머지않아 우리 사회에서는 이보다 더한 일을 많이 경험하게 될 것이라고 경고했다. 나는 그 말에 동의한다. 그것은 주전자에 들어간 개구리와 같은 것이다. 개구리가 끓는 물에 들어가면 놀라서 뛰쳐나오지만 찬물이 든 주전자에 들어가면 불을 서서히 높여 물을 끓여도 주전자 안에 가만히 있다는 것이다. 개구리는 서서히 온도가 올라가는 것을 감지하지 못하기 때문이다.

우리는 이제 무엇을 경험하게 될까? 이 사회에 무용지물이 된 노인들의 죽음인가? 아픈 사람이나 장애인을 돌보는 것을 소홀히 하지 않겠는가? 보존 가치가 없고 중요하지 않다고 생각되는 사람들은 안락사 시키자는 운동이 일어나지 않겠는가?

삶의 질에 대한 논쟁

테리의 사례에서 '삶의 질'에 대한 논쟁이 일어났다. 누군가가 그 용어를 사용하는 것을 들으면 나는 구토 증세를 일으킬 것 같다. 사고를 당한 후 내 삶의 질은 급격히 저하되었다. 나는 심각한 장 문제로 매일 몇 차례씩 일을 벌였고 내 다리는 영원히 약할 수밖에 없게 되었다. 양쪽 다리는 뼈만 앙상하게 남아서 걷는 모습이 아주 기이해졌다. 나는 아주 천천히 걷는 것 외에 다른 것은 할 수가 없다. 뛸 수도 없고, 아들과 공놀이도 하지 못하게 되었다. 나는 비행기에서 가장 늦게 내리는 사람이 되었다. 또 산소호흡기를 오래 끼고 있어서 음식을 조금씩 밖에는 삼킬 수 없게 되었다. 양치질을 할 때마다 메스꺼움을 느낀다. 메스꺼움을 느끼지 않게 하는 기능이 사라진 것 같다.

내 삶의 질은 낮아졌다. 내가 뇌사했다고 믿었던 의사들이 낮아진 내 삶의 질에 대해 깊은 철학적 토론을 하지 않았던 것이 정말 다행이라고 생각한다. 만약 내 삶의 질에 대해 토론을 했더라면 그들은 내 몸에서 산소호흡기를 뺐을 것이다.

삶의 질에 관한 논쟁이 자주 거론되지는 않는다. 특히 신빙성 없는 미국인들은 낮은 삶의 질에 대해 무관심하다. 세계 인구의 80%가 미국인들보다 낮은 수준의 삶을 살고 있다. 우리는 삶의 질에 관해 이상한 관점을 갖고 있다. 누군가가 무선 인터넷을 쓰지 못하고 모뎀을 사용한다면 그 사람은 고통 받고 있다고 생각한다.

이미 언급했듯이 나는 사고를 당한 후에 멕시코시티의 쓰레기 더미에서 살고 있는 사람들을 돌보기 위해 그곳에 갔다. 우리 교회의 팀은 일 년에 몇 번씩 멕시코시티를 방문한다. 나는 1년에 한 번씩 그곳에 간다. 그것은 내 영혼을 치료하는 과정이기도 하다. 그 여행은 함께 동행한 전형적인 백인 중산층들의 삶을 변화시킨다.

멕시코시티 쓰레기 더미 사람들은 한평생을 더럽고, 냄새나며 벌레가 우글거리는 쓰레기 더미에서 실제로 살고 있다. 쓰레기 더미 근처에는 피하주사용 바늘이 흩어져 있기도 하다. 그러나 그곳의 사람들은 맨발로 그 주변을 다니며 쓰레기 속을 뒤지고 있다. 나는 세균에 감염되기가 쉽기 때문에 사실 밑창이 두꺼운 신을 신고도 그 주변을 돌아다니는 것이 두려웠다. 그러나 그 사람들은 재활용할 수 있는 물건을 찾아내기 위해 맨발로 쓰레기 더미 위를 돌아다니고 있었다.

우리가 만난 사람들은 대부분 폐결핵에 걸려 있었고 머리에 이가 있었다. 그리고 오염된 물을 마셨다. 평균 연령은 기껏해야 35세다. 그리고 다 문맹이다. 멕시코 정부는 그 지역이 멕시코의 수치라고 여기기 때문에 외국인들이 그 상황에 대해 알기를 원하지 않는다. 그래서 쓰레기 더미 근처에서 사진 찍는 것은 금지되어 있었다.

쓰레기를 뒤지는 사람들의 자녀들은 부모에게서 자동적으로 그런 삶의 양식을 물려받는다. 나는 '이 사람들의 삶의 질은 어떤 것인가?' 하는 질문을 해 본다. 그 사람들의 삶은 분명 기대할 것이 없는 삶이다. 거기서 우리가 만난 아이들은 이름도 없었다. 그들은 우연을 따라 살았다. 거기서 만난 어떤 아이는 앞니가 튀어나와서 별명이 토끼였다. 그 아이의 부모는 몇 년 전에 에이즈로 사망했고 그 아이는 쓰레기 더미에 버려졌었다. 우리는 그 아이에게 특별한 선물과 옷을 주었다. 그 아이는 여덟 살의 어린 나이에 홀로 살아가고 있었다.

우리는 그 사람들의 가난과 질병과 문맹의 악순환을 끊기 위해 열심히 일했다. 그러나 그 사람들이 지금보다 더 높은 곳을 보게 하는 것은 매우 어려운 일이었다. 그 사람들의 배후에는 조직범죄단이 있어서 벌어들이는 돈의 많은 부분을 갈취당하고 있었다. 아마도 당신은 그 사람들이 자기 삶에 만족한다는 사실을 알게 되면 매우 놀랄 것이다.

지난 몇 년간 그곳의 많은 사람들은 그리스도를 알게 되었다. 우리는 정기적으로 방문하여 그 사람들의 기본적인 필요를 채운다. 만약 우리가 그런 삶을 산다면 우리는 결코 행복하지 않을 것이다. 그러나 그들은 다른 삶을 모르기 때문에 자신의 삶에 꽤 만족하고 있다.

당신이 미국의 중산층 사람들과 함께 칵테일 파티에서 삶의 질에 대해 토론한다면 멕시코시티의 쓰레기 더미의 꼬마친구 '토끼'를 기억하라.

유서 쓰기

당신이 테리와 같은 일을 당하지 않으려면 당신이나 당신의 배우자를 위해 생명에 대한 유서를 쓰기 바란다. 나는 사고 이후에 유서를 써야 한다는 생각을 했다.

유서를 써서 공증을 받거나 컴퓨터에 저장해 놓으면 된다. 당신 옆의 중요한 누군가가 당신이 유서를 기록해 놓은 파일을 찾을 수 있으면 된다. 그 서류가 필요할 때 당신의 배우자가 쉽게 찾아볼 수 있게 해야 한다. 그 서류는 당신이 바라는 것을 알리는 역할을 충분히 해낼 것이다.

비참한 내 경험을 통해 나는 몇 가지를 분명하게 결정했다. 우선 나는 나를 담당하는 의료진이 내 생명을 구하기 위해 최선의 노력을 다해주기를 바란다. 나는 한 사람이 혼수상태에 빠졌다가도 다시 깨어날 수 있다고 믿는다. 과거에도 있었던 일이다. '소생하지 않는다'에 서명하고자 하는 의료진의 이야기에 넘어가지 말라. 심각한 사고를 당해 혼수상태에 빠지거나 의사가 보기에 소망이 없는 상태에 빠지더라도 정상적인 삶으로 되돌아올 수도 있는 것이다. 당신이 이 글을 읽고 도움이 됐다면 용기 있게 '생명'을 선택하기 바란다.

나는 뇌사 판정을 할 때 아는 의사뿐 아니라 관련된 의료진의 입증이 필요하다고 본다. 그 모든 사람들이 내 뇌가 활동을 멈추었다는 데 동의한다면 나도 의사들이 내 생명을 연장시키는 모든 도구를 내 몸에서 떼어내는 것을 승인할 것이다. 혹시 그 중에 영양분을 공급하는 튜브도 제거해야 한다면 나에게 수분을 공급해 주고 진통제를 투입해 주기를 바란다. 유치하게 들릴지 모르지만 나는 내가 경험하게 될 고통을 최소화하고 싶은 것이다.

나는 유서에 결과를 단정적으로 말할 수 없는 상황에 처하거나 중간 정도의 위기상황일 경우, 모든 의료 장치를 동원해서 나를 살리기 위해 노력하기 바란다고 기록했다. 내가 혼수상태에 있는 동안에는 하루에 몇 시간씩 은혜로운 찬양을 틀어주기를 바란다. 또 성경이 녹음된 CD를 들려주길 원한다. 더 욕심을 부린다면, 사람들이 병실에서 나를 위해 기도해주기를 바란다. 그리고 내 상태를 부정적으로 보는 의사는 원하지 않으며 특히 내가 듣는 곳에서 내 상태를 부정적으로 말하는 의사는 더더욱 원하지 않는다고 분명하게 기록해 두었다.

테리 시아보는 생명의 마지막 순간에 대해 생각하게 했다. 테리의 삶과 죽음은 앞으로도 몇 년 동안 논란의 여지가 있는 것이다. 그러나 확실한 것은 하나님은 테리의 생명을 사용하셔서 전 세계가 생명에 궁극적으로 영향을 줄 수 있는 문제에 주목하게 하셨다.

각주

1. 집필후기는 "테리 시아보: 품에 안긴 자매", The Church Report, 2005년 5월에서 인용. http://www.thechurchreport.com/content/view/379/32/. 허락하에 사용함.

감사의 글

제니 쇼그린 – 당신은 나의 소울 메이트이며 가장 위대한 편집장입니다. 내 글에 대해 솔직하게 말해 준 것에 감사합니다(물론 8번이나 수정하게 될 때는 좌절감을 느꼈지만!). 당신은 30여 년간 나의 가장 친한 친구였습니다. 우리의 미래에는 좋은 일이 있을 것입니다.

데이브 핑 – 당신의 도움이 없었다면 이 책을 쓸 엄두도 내지 못했을 것입니다. 당신은 좋은 친구이며 훌륭한 편집자입니다. 이 책의 이야기를 어떻게 풀어나가야 할지에 대한 아이디어를 주고 우리 집에 자주 방문해서 나를 격려해 준 것을 감사드립니다.

더글라스 핸토 박사 – 생사를 오가는 위기 속에서 나와 함께 있어준 것을 감사합니다. 당신은 몇 차례 나와 함께 울어주기도 했습니다. 당신은 치유자의 마음을 갖고 있습니다. 저와 다른 많은 사람들에게 주신 놀라운 선물, 고맙습니다.

스티브 로슨 – 나는 하나님께 당신이 내 책의 편집자가 되기를 기도했습니다. 지난 25년간 나와 깊은 우정을 쌓아 온 것을 감사드립니다.

출판사 직원들 – 빌 그릭, 당신의 비전과 기도는 이 책을 쓰는 동안 제게 큰 힘이 되었습니다. 당신은 훌륭한 편집장입니다. 마크 웨이징, 세세한 부분까지 돌보기 위해 땀을 흘리고 이 책을 더 좋게 만들기 위해 노력해 준 것에 감사드립니다. 데이비드 그리핑, 당신이 디자인한 책 표지는 정말 훌륭합니다. 로 윌리엄스, 우리는 모두 당신같이 융통성 있는 사람이 필요합니다. 이 책이 약속된 시간에 출판되도록 열심히 노력해 온 여러분께 감사드립니다.

죽음의 문턱에서 삶을 보다

지은이 | 스티브 쇼그린
옮긴이 | 조은혜

초판 1쇄 펴낸날 | 2007년 5월 18일
초판 2쇄 펴낸날 | 2007년 6월 13일

발행인 | 정진우
주　간 | 조기원
편　집 | 박혜경, 이문희, 박귀정
디자인 | 김은선, 김진희
저작권 | 조미나
마케팅 | 김광일
마케팅지원 | 김웅민, 김아진

등록번호 | 129-81-80357
등록일자 | 2005년 1월 12일
등록처 | 서울시 강남구 대치동 953-3 반석빌딩 2층
발행처 | 도서출판 NCD

값 9,800원
ISBN 978-89-5788-109-5

■ 잘못되거나 파손된 책은 구입하신 서점에서 교환해 드립니다.

도서출판 NCD
주소 | 경기도 고양시 일산구 장항동 578-16 나동
주문 | 영업부 | (일산) 031-905-0434   팩스 031-905-7092
본사 | 편집부 | (강남) 02-538-0409   팩스 02-566-7754
한국 NCD | 지원·코칭 | 02-565-7767   팩스 02-566-7754
홈페이지 | www.NCDKorea.com

도서출판 NCD는 '자연적으로 성장하는 더 좋고 많은 교회 번식 운동'을 펼치고 있는 한국 NCD와 크리스천코칭센터 및 이와 관련된 기관들의 사역을 문서로 지원하는 출판사입니다.

한국 NCD는 현재 전 세계 6대주 66개국 10,000교회 4,200만 자료로 검증된 설문 조사 자료를 토대로 하여 한국에서 8가지 질적 특성을 중심으로 교회의 건강을 진단할 뿐만 아니라 더 많은 교회들이 건강하게 세워질 수 있도록 지속적으로 자료 및 도구 제공, 훈련, 세미나, 컨설팅, 코치 사역, 세계 선교, 지역 및 정보 네트워크를 위해 사역하고 있는 국제적인 전문 사역 기관입니다.

크리스천코칭센터: www.christiancoaching.co.kr / E-mail: info@ncdkorea.com
Tel: 02-565-7767 / Fax: 02-566-7754

※ 보다 자세한 사항은 홈페이지를 참고하세요.